HOMBRE ESTOICO

Contenido

HOMBRE Y ESTOICISMO: INTRODUCCIÓN A UNA VIDA FILOSÓFICA 5

LA FORTALEZA DEL HOMBRE ESTOICO: CULTIVANDO RESILIENCIA EMOCIONAL 19

AUTONOMÍA MASCULINA: ENTRE LA AUTOSUFICIENCIA Y AUTOCUIDADO 35

LIBERACIÓN Y CONTROL: ESTRATEGIAS ESTOICAS PARA EL HOMBRE MODERNO 51

ÉTICA Y VIRTUD: EL HOMBRE ESTOICO EN EL MUNDO ACTUAL 62

LIDERAZGO MASCULINO CON SABIDURÍA ESTOICA 81

FRASES PARA EL HOMBRE ESTOICO QUE DEBE LLEVAR EN SU ALMA Y SU CORAZÓN 95

HOMBRE Y ESTOICISMO: INTRODUCCIÓN A UNA VIDA FILOSÓFICA

Como hombre, encuentro fortaleza en la serenidad, consciente de que cada desafío enfrentado refina mi alma y agudiza mi entendimiento. Mi caminar tranquilo refleja la verdadera libertad que proviene de dominar mis respuestas y elegir mi camino con sabiduría. La dignidad de un hombre estoico reside en su capacidad de permanecer íntegro, incluso cuando el mundo externo intenta desmoronarlo. Mi corazón, firme y sereno, es un faro inalterable ante la tormenta, anclado en la profundidad de una sabiduría milenaria. Cada experiencia, dulce o amarga, la asumo como un regalo que moldea mi espíritu y afina la sinfonía de mi vida interior.

En la quietud de la madrugada, medito sobre mi propósito, tejiendo pacientemente el tapiz de mi destino con hilos de perseverancia y paz. La verdadera riqueza de un hombre estoico no se mide en oro, sino en la inquebrantable paz que reside dentro de él. Me mantengo erguido no por orgullo, sino por respeto a mí mismo y al viaje que cada día me ofrece aprender y crecer. Cada obstáculo es un maestro disfrazado, enseñándome a forjar mi carácter y a templar mi voluntad. Mi voz, suave pero firme, es un testimonio de la fuerza tranquila que he cultivado a través de los años de reflexión y disciplina. En mi soledad, encuentro compañía en los pensamientos de los grandes filósofos que caminaron antes que yo, susurros de sabiduría que guían mi paso. Aprecio cada momento de alegría como un regalo precioso, sabiendo que la felicidad no es un destino, sino un modo de viajar. No temo al futuro, ni me aferro al pasado; vivo en el presente, donde todo mi poder reside y se renueva. La compasión que extiendo a otros es un reflejo de la comprensión profunda que tengo hacia la naturaleza humana y sus desafíos. Mi vida es mi obra de arte, y cada decisión que tomo es una pincelada consciente que define su belleza y su significado. La sabiduría de aceptar lo que no puedo cambiar me libera para enfocar toda mi energía en lo que sí está en mis manos moldear.

Con cada respiración, elijo liberarme de resentimientos, permitiendo que mi espíritu fluya libre como el río que sortea las rocas. Encuentro valor en las pequeñas victorias diarias, aquellas que no buscan aplausos, sino que fortalecen silenciosamente mi alma. La integridad es mi vestimenta elegida, tejida con el hilo de la autenticidad y adornada con el broche de la dignidad. A través de las estaciones de la vida, permanezco inmutable como el árbol que, firme, ve pasar los años, arraigado en la tierra de mi ser. En la contemplación matutina, un hombre estoico encuentra la sabiduría; cada amanecer es una invitación a renovar su compromiso con la virtud y la moderación, pilares que sostienen su ser en el tumulto del mundo exterior. Mi resiliencia se forja en el silencio de mi alma, donde las lecciones del estoicismo me enseñan que la verdadera fuerza masculina radica en la capacidad de enfrentar adversidades con gracia y aplomo, sin perder jamás la esencia de quien soy. La filosofía estoica me guía a través de las estaciones de la vida, revelándome que cada experiencia, por difícil que sea, viene cargada de lecciones que albergan el potencial para el crecimiento personal y espiritual, una verdad que abrazo con corazón abierto y mente clara. Como hombre que camina por el sendero del estoicismo, aprendo a mirar más allá de las emociones efímeras y a enfocarme en la sustancia duradera de mis acciones y pensamientos, cultivando un interior inquebrantable que ninguna circunstancia externa puede socavar. La paciencia es mi compañera constante, recordándome que el tiempo es un artesano que, con su toque delicado y seguro, moldea las circunstancias a favor de aquellos que saben esperar con serenidad y sin desespero.

En el jardín de mi vida, cultivo la aceptación como la flor más preciosa, sabiendo que su belleza reside en reconocer y abrazar la realidad tal como es, no como desearía que fuera, una práctica diaria que refina mi carácter y enriquece mi alma. Un hombre estoico encuentra en la autorreflexión una herramienta poderosa; es en la quietud donde las aguas de su mente se clarifican, permitiéndole ver con profundidad y actuar con precisión, siempre guiado por la luz de la razón y la ética. Cada decisión que tomo está impregnada de la sabiduría estoica, buscando no solo el beneficio propio, sino el bienestar común, pues reconozco que mi camino está intrínsecamente conectado con el de los demás, una red de humanidad que nos envuelve a todos. La integridad es mi escudo y mi corona, brillando con la luz de la autenticidad en cada palabra y acción; es la joya más valiosa que poseo, pulida por las enseñanzas estoicas que me invitan a vivir con honor y respeto por mí mismo y por los demás. Encuentro en la naturaleza un espejo de mi práctica estoica; así como el árbol se dobla ante el viento fuerte pero no se quiebra, yo también aprendo a ser flexible en mis expectativas y firme en mis principios, una danza de adaptabilidad y constancia que define mi existencia. A medida que el alba ilumina el horizonte, un hombre estoico se enfrenta a cada nuevo día con la armadura de su propia serenidad; él sabe que la verdadera batalla se libra en el interior, donde la constancia y el autocontrol son sus más fieles aliados. En la quietud de sus meditaciones, descubre que cada pensamiento es un sembrador de acciones; por ello, cultiva deliberadamente pensamientos de compasión y coraje, esos que florecerán en un jardín de actos nobles y justos.

La equidad es el bastión en el que se refugia, manteniendo siempre un juicio imparcial y considerado, tratando a todos con la misma medida de respeto y consideración, una práctica estoica que fortalece su carácter y honra su esencia. No busca el reconocimiento externo por sus acciones virtuosas; su recompensa se encuentra en la paz que tales acciones siembran en su corazón, una paz que es tanto su santuario como su fuente de fuerza inagotable. La resiliencia de un hombre estoico no es fruto del aislamiento emocional, sino del entendimiento profundo de que cada desafío es una oportunidad para practicar la virtud y profundizar su comprensión del tapiz humano. Mientras otros pueden buscar consuelo en las distracciones del mundo, él encuentra su más profunda consolación en la simplicidad y la autenticidad de una vida guiada por principios filosóficos sólidos y bien considerados. Su práctica estoica lo lleva a valorar el silencio no como ausencia de palabras, sino como el precioso espacio donde puede escuchar la verdad de su propia alma, un espacio sagrado donde las respuestas a las preguntas más profundas resuenan con claridad. Como hombre estoico, se convierte en maestro de la discreción, sabiendo cuándo hablar y cuándo permanecer en silencio, cuándo actuar y cuándo pausar, un equilibrio que mantiene con la gracia de quien ha entendido el ritmo de la vida. La gratitud es su canción diaria, cantada no sólo en momentos de abundancia, sino también en tiempos de escasez, porque reconoce que en cada experiencia hay un tesoro escondido de sabiduría y crecimiento.

Su andar es firme y su mirada clara, no porque no conozca el miedo, sino porque ha aprendido a no dejar que el miedo gobierne sus decisiones o nuble su visión de lo que es justo y bueno. Frente a las adversidades, un hombre estoico se convierte en el escultor de su propio destino; con cada golpe del cincel de la paciencia y cada raspado de la perseverancia, forma un carácter que es tanto bello como indestructible. En la armonía de su interior, él encuentra un refugio sagrado; cada decisión tomada desde este centro de calma no solo es un acto de autoafirmación, sino también un testimonio de su compromiso inquebrantable con la vida ética y reflexiva. No hay mayor libertad para él que la liberación de las cadenas de la ira y el resentimiento; este hombre estoico elige, en su lugar, cultivar el perdón y la comprensión, sabiendo que estos son los verdaderos pilares de una vida pacífica y significativa. A través de los ojos de la sabiduría estoica, ve cada interacción humana como una oportunidad para practicar la empatía y el respeto mutuo, reconociendo que cada alma tiene su propia batalla, y que la bondad es un idioma universal. Su coraje no es ruidoso ni ostentoso; es la quietud con la que enfrenta el cambio, la profundidad con la que acepta la impermanencia de todas las cosas, y la gracia con la que suelta lo que ya no sirve a su crecimiento personal. En la constancia de su práctica filosófica, encuentra no sólo un ancla sino también un faro; es tanto discípulo como maestro en su viaje, siempre dispuesto a aprender de la vida y a compartir la luz de su conocimiento con quienes lo rodean. La templanza es su compañera constante, guiándolo a través de los excesos y las carencias con la misma serenidad; en la moderación, descubre el secreto de la verdadera abundancia, que reside no en tener más, sino en necesitar menos.

Como las olas del mar, las emociones visitan la orilla de su mente, pero él ha aprendido a no construir castillos en la arena; su enfoque estoico le enseña a observarlas pasar sin aferrarse, manteniendo su paz interna intacta. Él sabe que la verdadera sabiduría no es simplemente acumular conocimientos, sino integrarlos profundamente en la vida cotidiana; cada momento es un aula, cada experiencia es un examen, cada reflexión es una graduación en su educación continua. Su vida es una danza entre el hacer y el ser; en el equilibrio encuentra su ritmo, y en el estoicismo, la música que guía sus pasos, enseñándole que cada movimiento puede ser un acto de belleza y un testimonio de su integridad. Apreciando la brevedad de la vida, un hombre estoico celebra cada instante como un tesoro invaluable, aprendiendo a discernir lo efímero de lo eterno e invirtiendo su energía en lo que verdaderamente perdura. En cada desafío, encuentra una oportunidad para examinar su propia naturaleza, utilizando los obstáculos como espejos que reflejan no solo sus debilidades sino también su creciente fortaleza y capacidad para superar adversidades con gracia y sabiduría. Él construye su fortaleza no con piedras, sino con convicciones firmes y bien fundadas; cada principio estoico es un ladrillo en la fortificación de su carácter, cada día de práctica, un paso más hacia la maestría de sí mismo. Para el hombre estoico, la justicia no es solo un concepto abstracto, sino una práctica diaria que impregna cada decisión y acción, buscando siempre el equilibrio y la equidad, entendiendo que la verdadera justicia comienza por cómo se trata a sí mismo y a los demás. Su tranquilidad es como un lago en calma, profundo y claro, donde los tumultos del mundo exterior apenas logran perturbar la superficie; en esta tranquilidad, él encuentra la claridad para ver lo esencial y la fuerza para actuar conforme a ello.

El hombre estoico entiende que cada elección es un reflejo de su filosofía; por ello, se esfuerza por actuar siempre con integridad, sabiendo que incluso las decisiones más pequeñas pueden tener un impacto profundo en su camino hacia la virtud. Él no teme al silencio, pues en él encuentra los susurros de la sabiduría; cada momento de quietud es una puerta abierta a la introspección y al crecimiento personal, un espacio sagrado donde se conecta con la esencia de su ser estoico. La aceptación es su escudo contra la adversidad; comprendiendo lo que está fuera de su control, se enfoca en lo que sí puede cambiar, liberando así su mente de preocupaciones innecesarias y su corazón de cargas que no le pertenecen. Su compasión se extiende no solo hacia otros, sino hacia sí mismo; practicando el auto perdón y la autocompasión, reconoce que la perfección es menos importante que el progreso, y que cada paso, por pequeño que sea, es valioso en su viaje estoico. En su andar sereno, demuestra que la verdadera fuerza no reside en la capacidad de dominar a otros, sino en la habilidad de gobernarse a sí mismo; cada acto de autocontrol es un triunfo en su práctica de vida estoica. Cada noche, al reflexionar sobre el día, él no busca errores para lamentar, sino lecciones para aprender; esta práctica de revisión diaria fortalece su resolución y afina su comprensión de cómo vivir conforme a sus principios filosóficos. Él encuentra belleza en la simplicidad, reconociendo que la vida estoica no requiere de ornamentos extravagantes para ser plena; la verdadera riqueza está en la sobriedad y en la riqueza de un espíritu cultivado con disciplina y amor.

Aunque los desafíos puedan ser grandes, su determinación es aún mayor; armado con la sabiduría estoica, enfrenta cada situación no como un obstáculo insuperable, sino como una oportunidad para demostrar su virtud y fortalecer su carácter. Su vida es un testimonio del poder de la voluntad dirigida; alineando sus deseos con sus valores, logra un equilibrio que le permite navegar por la vida con gracia y determinación, sin ser arrastrado por las corrientes de la moda o la opinión popular. La gratitud adorna sus días como una guirnalda de flores; consciente de las bendiciones que cada momento ofrece, vive con un corazón lleno de agradecimiento, lo cual enriquece su experiencia del mundo y profundiza su contentamiento interno. En la tela de su vida cotidiana, cada hilo de experiencia se teje con deliberación y propósito; el hombre estoico no deja al azar lo que puede ser cultivado con atención, convirtiendo cada pequeño acto en una expresión de su filosofía. La serenidad no es un regalo espontáneo, sino el fruto de la práctica constante; él aprende a mantener la calma en medio del caos, un reflejo de su dominio estoico sobre las pasiones que una vez amenazaron con desviarlo de su curso. Aunque el mundo a menudo premia la rapidez, él valora la reflexión pausada; cada decisión es el resultado de un proceso meditativo que busca armonizar la razón con la intuición, una danza delicada entre el conocimiento y la sabiduría. La adversidad, en sus manos, se transforma en arte; no hay situación tan difícil que no pueda ser abordada con creatividad y perspectiva, utilizando su formación estoica para encontrar soluciones donde otros solo ven problemas.

Él no se define por las circunstancias externas, sino por la calidad de su respuesta a estas; en su elección de reaccionar con virtud y equilibrio, radica su verdadero poder y libertad, una demostración de autonomía en su forma más pura. Sus relaciones son espejos de su compromiso con el respeto y la igualdad; trata a todos con la misma consideración con la que aborda sus propias necesidades, entendiendo que la empatía y la justicia son fundamentales para una comunidad saludable. La integridad es su constante compañera de viaje; en un mundo que a menudo compromete los valores por conveniencia, él permanece fiel a sus principios, un faro de consistencia y moralidad en el paisaje fluctuante de la vida moderna. No ve el estoicismo como una restricción, sino como una liberación de las ataduras del deseo desenfrenado y las emociones destructivas; es un camino hacia la verdadera satisfacción, que encuentra no en lo material, sino en lo espiritual y lo ético. La paciencia es tanto su escudo como su espada; en la lucha contra las pruebas de la vida, aprende a esperar el momento adecuado para actuar, sabiendo que la naturaleza tiene su propio ritmo que no puede ser apresurado sin consecuencias. Cada lección de la vida es absorbida con gratitud; ve cada error como una oportunidad para mejorar, cada éxito como un momento para ser humilde, y cada día como un paso más en su largo y gratificante viaje hacia la sabiduría. El hombre estoico ve cada amanecer como una nueva pizarra en la cual puede escribir el día con intenciones claras y acciones conscientes; cada rayo de sol es un recordatorio de la posibilidad de renacimiento y redención personal.

En la gestión de sus emociones, encuentra no sólo equilibrio sino también una profunda sabiduría; aprende que controlar no significa suprimir, sino entender y dirigir con propósito, utilizando cada sentimiento como una guía hacia una mayor autoconsciencia y madurez. Él abraza la soledad no como un signo de aislamiento, sino como una oportunidad valiosa para el diálogo interno y la reflexión personal; en el silencio, sus pensamientos más profundos encuentran el espacio para florecer y resonar. Cada relación es tratada como un aula sagrada donde puede practicar las virtudes estoicas de la paciencia, la honestidad y la lealtad; reconoce que el verdadero crecimiento ocurre a menudo en la interacción con los demás, reflejando y refinando sus principios. Encuentra fuerza en la aceptación de lo inevitable, aprendiendo a fluir con los ciclos de la vida en lugar de resistirse a ellos; esta aceptación le brinda una serenidad inquebrantable, una quietud interior que permanece intacta incluso en medio del cambio. Cada desafío es una invitación a profundizar su comprensión del mundo y de sí mismo; se nutre de los obstáculos, utilizándolos como piedras angulares en la construcción de un espíritu estoico más resistente y perspicaz. Su práctica de la vida estoica se extiende más allá de la mera autodisciplina; se convierte en un acto de amor propio, donde cada decisión refleja su respeto y cuidado por su bienestar integral, honrando tanto su cuerpo como su mente. En la expresión de su autenticidad, no hay miedo al juicio; su compromiso con la verdad y la transparencia es una declaración de independencia, un rechazo a vivir de manera que contradiga sus valores más profundos y auténticos.

Cada paso que da está imbuido de propósito; no hay movimiento sin significado en su vida, pues cada acción es deliberada, cada palabra ponderada, cada pensamiento orientado hacia la creación de una existencia que refleje sus ideales estoicos. La humildad es su corona no proclamada, llevándola con la dignidad de quien ha comprendido que el verdadero poder reside en el conocimiento de uno mismo y la capacidad para permanecer aprendiendo, siempre abierta a nuevas perspectivas y experiencias. Cada crítica que recibe es filtrada a través de la sabiduría de su práctica estoica, usando la reflexión en lugar de la reacción para determinar lo que es constructivo y lo que debe ser dejado a un lado, fortaleciendo su resolución y su comprensión. Él ve en la moderación no solo una regla, sino una compañera de vida; en el equilibrio encuentra la clave para disfrutar de los placeres sin ser esclavizado por ellos, manteniendo siempre el control sobre sus deseos y su conducta. En su caminar por la vida, el hombre estoico se arma con la dignidad de saber que puede enfrentar cualquier adversidad sin perder su esencia; su fortaleza interna es invisible a los ojos, pero inquebrantable en su efecto. Su práctica estoica lo lleva a valorar profundamente el momento presente; cada segundo es visto como una oportunidad única para actuar con virtud y propósito, consciente de que el tiempo es un recurso no renovable y sagrado. La introspección es su ritual diario, un tiempo dedicado a sopesar sus acciones y motivaciones, asegurándose de que su vida refleje las enseñanzas estoicas de automejora y respeto por la naturaleza racional que comparte con todos los seres humanos. En su interacción con los demás, practica la escucha activa como una forma de respeto estoico, entendiendo que cada persona tiene algo que enseñar y que cada conversación puede ser una puerta a nuevas comprensiones y crecimiento mutuo.

La generosidad es uno de sus principios guía; comparte su tiempo, recursos y energía no buscando algo a cambio, sino como una manifestación natural de su filosofía de vida, donde el bienestar de la comunidad es tan importante como el propio. En la adversidad, no busca héroes externos, sino que se vuelve hacia la fortaleza y sabiduría internas que ha cultivado a través de su dedicación al estoicismo, encontrando en sí mismo el héroe que necesita para superar los desafíos. Él no evade las responsabilidades, sino que las abraza como oportunidades para ejercitar su virtud; cada tarea, no importa cuán mundana sea, es tratada con el mismo nivel de cuidado y atención, como un acto de devoción a la excelencia estoica. Aunque consciente de las injusticias del mundo, él elige responder con acción positiva y pensamiento racional, manteniendo la esperanza y la determinación de que, a través del ejemplo estoico, puede influir en el cambio hacia una sociedad más equitativa y compasiva. El hombre estoico aborda cada día con la certeza de que su serenidad no depende de las circunstancias externas, sino de su propia capacidad para mantenerse centrado y fiel a sus principios en cualquier situación. Aprende a celebrar tanto sus victorias como sus fracasos, sabiendo que ambos son maestros esenciales en su camino filosófico; cada logro le enseña la recompensa de la perseverancia, y cada revés le recuerda la importancia de la resiliencia. Su fortaleza no se manifiesta a través de la rigidez, sino a través de la flexibilidad; como el bambú que se dobla, pero no se rompe, él sabe cómo adaptarse a los cambios, manteniendo su integridad sin importar las presiones que enfrenta.

Encuentra profundidad en la simplicidad, reconociendo que un estilo de vida estoico no es una privación, sino una forma de destilar la existencia a lo que verdaderamente importa, eliminando lo superfluo para concentrarse en lo fundamental. Cada decisión es tomada con una pausa para reflexionar, permitiéndole elegir respuestas que están alineadas con sus valores más altos; este enfoque considerado es el núcleo de su práctica estoica, garantizando que sus acciones reflejen siempre su filosofía. En sus momentos de dolor o dificultad, se recuerda a sí mismo que la impresión de estos eventos es moldeable; su interpretación estoica le permite ver más allá del sufrimiento inmediato hacia una visión más grande de crecimiento y oportunidad. Practica la economía de palabras, hablando solo cuando es necesario y siempre con intención; cada palabra que elige está imbuida de propósito y gracia, reflejando su compromiso con la comunicación consciente y respetuosa. Su enfoque estoico en la vida lo lleva a valorar la autenticidad sobre la aprobación; se atreve a vivir según sus propios términos, resistiendo la tentación de conformarse con las expectativas de otros, encontrando libertad en su fidelidad a sí mismo. La paciencia es su constante lección y compañía; él entiende que el tiempo revelará y curará, y que su capacidad para esperar con calma es tan crucial como cualquier acción que pueda emprender. En la observación de la naturaleza, encuentra paralelos a su práctica estoica; cada ciclo natural le enseña sobre la aceptación y la renovación, inspirándolo a aceptar el fluir de la vida con gracia y sin resistencia.

LA FORTALEZA DEL HOMBRE ESTOICO: CULTIVANDO RESILIENCIA EMOCIONAL

El hombre estoico cultiva su resiliencia emocional como si de un jardín se tratara, con cuidado y atención constante; cada adversidad es tratada como una semilla que, con el tiempo, puede florecer en una lección de fortaleza y sabiduría. Comprende que la verdadera fuerza no se mide por la ausencia de vulnerabilidad, sino por la capacidad de enfrentarse a ella y transformarla; en cada momento de debilidad descubre una oportunidad para reafirmar su resolución y profundizar su entendimiento. Su resiliencia se forja en la aceptación de que no todas las batallas son para ganar, sino para aprender; reconoce que la derrota ocasional es parte del camino hacia una mayor fortaleza y un carácter más compasivo y comprensivo.

En el silencio de su introspección, encuentra las raíces de su fortaleza; a través de la meditación y el autoexamen, refuerza la estructura de su ser interior, asegurándose de que está preparado para soportar las tempestades emocionales. El hombre estoico no se aísla del dolor, sino que lo abraza como un maestro; aprende a no rehuir las emociones difíciles, sino a acogerlas con la comprensión de que cada sentimiento tiene su lugar y su propósito en la vida. Su enfoque en la virtud estoica de la templanza le permite manejar sus emociones con habilidad; sabe cuándo y cómo permitir que sus sentimientos fluyan y cuándo es necesario guiarlos suavemente hacia una expresión más constructiva. La resiliencia emocional para él no es una barrera contra la vulnerabilidad, sino una invitación a experimentar la vida plenamente, con todas sus altas y bajas, manteniendo siempre un centro de calma y una perspectiva de largo plazo. Ve cada interacción difícil como una arena para practicar su resiliencia; en lugar de evitar conflictos, los enfrenta con equilibrio y ecuanimidad, sabiendo que cada desafío es una oportunidad para fortalecer su carácter y su capacidad de respuesta. La gratitud juega un papel crucial en su resiliencia; incluso en los momentos más oscuros, busca activamente razones para ser agradecido, una práctica que no solo eleva su espíritu, sino que también reafirma su fuerza interna.

Se rodea de una comunidad que refleja y respalda sus valores estoicos, sabiendo que la resiliencia también se nutre del apoyo mutuo y de la sabiduría compartida, creando un entorno donde puede florecer incluso en las circunstancias más desafiantes. El hombre estoico aborda la resiliencia emocional como un arte, refinando su capacidad para responder con gracia bajo presión; cada experiencia desafiante es una pincelada que añade profundidad y textura a su carácter. Reconoce que el coraje no siempre ruge; a menudo, la verdadera valentía se manifiesta en la quietud con que enfrenta sus miedos, una determinación silenciosa que se fortalece en la contemplación y el autocontrol. Su fortaleza se revela en su habilidad para mantener la perspectiva cuando todo a su alrededor parece caótico; practica el desapego estoico, no como indiferencia, sino como un enfoque en mantener su paz interna. Cultiva la fortaleza a través de la autocompasión, entendiendo que ser duro consigo mismo no es la vía estoica; en cambio, aprende de sus errores con gentileza y paciencia, fortaleciendo su espíritu para futuros desafíos. La resiliencia de un hombre estoico no se asemeja a un muro inamovible, sino más bien a un río que adapta su curso según sea necesario; fluye alrededor de obstáculos, encontrando nuevos caminos a través de la adaptabilidad y la persistencia. Encuentra una fuente de fortaleza en la práctica de la objetividad; al observar sus propias emociones y las situaciones desde una distancia racional, puede responder de manera más efectiva y menos impulsiva. Su diálogo interno es cuidadosamente cultivado; remplaza las críticas autodestructivas por afirmaciones que refuerzan su capacidad de superar adversidades y seguir adelante con renovado propósito.

La preparación es clave en su enfoque estoico; se anticipa a los posibles desafíos y equipa su mente con estrategias y pensamientos que fortalecen su resiliencia, haciendo de la previsión una herramienta poderosa en su arsenal emocional. Practica el perdón, tanto hacia sí mismo como hacia los demás, como una forma de liberar el peso del rencor; comprende que el perdón es una manifestación de fuerza y un paso crucial hacia la liberación emocional. Su práctica de la meditación y la reflexión diaria es fundamental en el cultivo de su resiliencia; estos momentos de quietud no solo lo recargan, sino que también le permiten mantenerse enraizado en sus principios estoicos, no importa lo que la vida le depare. En la adversidad, el hombre estoico ve una oportunidad para practicar la serenidad y fortalecer su alma; cada dificultad es una lección en el arte de mantener la calma y la dignidad en situaciones desafiantes. Su capacidad de resiliencia se alimenta de la comprensión profunda de que el control sobre las circunstancias externas es limitado, pero su reacción ante estas es donde reside su verdadero poder y autonomía. Cultiva la resistencia emocional al practicar la aceptación activa, no solo reconociendo la realidad de las situaciones difíciles, sino también trabajando conscientemente para adaptarse y responder de manera constructiva. Para él, la resiliencia no es simplemente recuperarse de los reveses, sino también aprender a transformar la experiencia del dolor y el desafío en un crecimiento personal significativo y sostenido.

Su enfoque estoico lo lleva a buscar el equilibrio emocional mediante la práctica de la ecuanimidad; trata de mantener una disposición equilibrada, independientemente de las alegrías y tristezas que la vida le presente. La introspección diaria es su herramienta para cultivar una comprensión más profunda de sus emociones; al examinar sus reacciones y motivaciones, desarrolla una mayor claridad y fortaleza interna. Se aferra a la sabiduría estoica que le enseña que la resistencia no se trata de negar las emociones, sino de gestionarlas con inteligencia y cuidado, asegurando que sus respuestas sean siempre medidas y adecuadas. La gratitud es una parte integral de su resiliencia; al enfocarse en lo positivo y agradecer incluso por las pruebas, cultiva un espíritu más resistente y optimista que es capaz de enfrentar cualquier adversidad. Practica el arte de la perspectiva estoica, recordándose que la visión que tiene sobre los eventos de su vida puede cambiar su impacto emocional; al reinterpretar los desafíos como oportunidades, refuerza su resiliencia emocional. Su conexión con una comunidad de mentes afines fortalece su resiliencia; el apoyo mutuo y la sabiduría compartida le ofrecen refugio y fortaleza, recordándole que no está solo en su viaje estoico. El hombre estoico encuentra fortaleza al enfrentar sus miedos de frente, utilizando cada temor como una oportunidad para fortalecer su carácter y expandir su comprensión de sí mismo y del mundo que lo rodea. A través del estudio y la reflexión sobre los textos estoicos, él se equipa con filosofías que sirven como anclas en tiempos de turbulencia emocional, ofreciéndole una perspectiva que es tanto consoladora como empoderadora.

Su práctica de la resiliencia se nutre de la disciplina de observar sus emociones sin juzgarlas; aprende a ver sus sentimientos como señales, no como dictados, permitiéndole responder a ellos con sabiduría en lugar de reacción. Con cada contratiempo, el hombre estoico se desafía a sí mismo a encontrar la enseñanza oculta, entendiendo que cada error es un maestro silencioso que lo guía hacia una mayor madurez emocional y entendimiento. En su camino hacia la fortaleza emocional, prioriza el autocuidado; reconoce que cuidar de su bienestar físico y mental es fundamental para mantener su equilibrio emocional y su capacidad para enfrentar los desafíos de la vida. El hombre estoico se esfuerza por mantener una conexión con la naturaleza, encontrando en el entorno natural una fuente de serenidad y recordatorio de los ciclos y las recuperaciones que también puede emular en su vida emocional. En el diálogo con amigos y mentores, busca no solo apoyo, sino también perspectivas alternativas; este intercambio de ideas refuerza su resiliencia al proporcionarle nuevos enfoques para manejar las situaciones difíciles. Valora la honestidad consigo mismo sobre todas las cosas, enfrentando con valentía las verdades difíciles sobre sí mismo y su vida; este compromiso con la autenticidad le proporciona un terreno sólido sobre el cual construir una resiliencia duradera. La perseverancia es su mantra, no solo en sus acciones sino también en su desarrollo emocional; él entiende que la resiliencia es una habilidad que se cultiva a lo largo del tiempo, a través de la constancia y el compromiso continuo. Aprende a descomponer los problemas grandes en partes manejables, una técnica estoica que reduce la abrumadora carga emocional de los desafíos y facilita un enfoque más calmado y sistemático para resolverlos.

En la búsqueda de su fortaleza interior, el hombre estoico se enfrenta a sus limitaciones no como barreras, sino como áreas para crecer y mejorar; cada reconocimiento de una limitación se convierte en un paso adelante en su desarrollo personal. La adaptabilidad es clave en su práctica estoica; entiende que la flexibilidad mental y emocional le permite navegar los cambios de la vida con mayor facilidad y menos estrés, cultivando una capacidad de respuesta que es tan reflexiva como efectiva. Practica la meditación estoica, no solo como una forma de relajación, sino como un ejercicio para fortalecer su mente contra las perturbaciones externas, entrenándola para permanecer enfocada y serena en medio de la adversidad. Su enfoque en la objetividad le ayuda a despersonalizar los contratiempos; al ver los problemas como situaciones externas en lugar de reflexiones de su valor personal, reduce el impacto emocional que pueden tener sobre él. La comunicación consciente es una herramienta que utiliza para fortalecer sus relaciones y su red de apoyo; sabe que expresar sus necesidades y preocupaciones de manera clara y tranquila es esencial para mantener conexiones saludables y apoyo mutuo. La preparación mental es una parte integral de su vida; al igual que un atleta entrena para una competencia, él se prepara para los desafíos emocionales futuros, equipándose con estrategias y conocimientos que pueden ayudarle a manejar el estrés y la ansiedad. Encuentra en el estoicismo un llamado a la acción proactiva; en lugar de reaccionar pasivamente a los eventos, toma medidas deliberadas para influir en los resultados, fortaleciendo su sentido de agencia y control sobre su vida.

La perseverancia en la práctica de la gratitud le ayuda a mantener una perspectiva positiva; enfocándose en lo que tiene, en lugar de lo que falta, cultiva una satisfacción que sirve como un escudo contra la desilusión y la desesperación. En sus momentos de soledad, no se siente aislado, sino profundamente conectado consigo mismo y con los principios estoicos que guían su vida; estos momentos son oportunidades para reafirmar su compromiso con su crecimiento personal y espiritual. La creatividad también forma parte de su enfoque estoico; encuentra maneras innovadoras de enfrentar las emociones y los problemas, aplicando su comprensión filosófica en formas que enriquecen y revitalizan su enfoque de la vida. El hombre estoico entiende que el dominio de sus emociones es fundamental para su resiliencia; practica el autocontrol no como una restricción, sino como una liberación de los impulsos que pueden desviarlo de su camino de calma y razón. Cultiva una fortaleza emocional practicando la objetividad; al enfrentar situaciones difíciles, se esfuerza por separar sus emociones personales de los hechos, permitiéndole tomar decisiones más claras y equilibradas. Utiliza la reflexión filosófica como un escudo contra el estrés y la ansiedad; al revisar las enseñanzas de los filósofos estoicos, encuentra consuelo y estrategias para manejar las presiones de la vida moderna con una serenidad ejemplar. Aprende a reconstruir su narrativa interna, reemplazando pensamientos autodestructivos o limitantes con afirmaciones que reflejan su fortaleza y su capacidad para superar adversidades, fortaleciendo su autoestima y su resistencia mental. Abraza el concepto de impermanencia, lo que le ayuda a manejar la pérdida y el cambio con mayor gracia; al aceptar que nada es permanente, puede apreciar más profundamente el presente y enfrentar el futuro con un corazón abierto y resiliente.

Se enfrenta a sus miedos no con evasión, sino con curiosidad y coraje; cada temor que desafía y supera es una victoria en su desarrollo personal y un pilar que fortalece su resiliencia emocional. Se esfuerza por mantener una dieta mental saludable, consciente de que lo que consume en términos de medios, conversaciones y lecturas influye directamente en su estado de ánimo y su bienestar emocional. Valora profundamente el poder de la quietud; encuentra en momentos de silencio una fuente de fuerza y claridad, que le ayuda a recargar energías y a mantener su equilibrio emocional ante los desafíos diarios. Practica la resiliencia a través del servicio a los demás; al enfocarse en ayudar y apoyar a otros, descubre una fuente de satisfacción y fortaleza que alimenta su espíritu y lo refuerza contra las adversidades personales. Cultiva la paciencia como una virtud central en su vida; entiende que muchos de los desafíos de la vida requieren tiempo para resolverse y que la paciencia es esencial para mantener la paz interior y la perspectiva a largo plazo. Al enfrentar desilusiones o fracasos, no se sumerge en la autocompasión, sino que busca activamente lecciones y oportunidades para el crecimiento, reforzando su capacidad para adaptarse y aprender de cada experiencia. Desarrolla una relación con el tiempo que es contemplativa y respetuosa; reconoce que muchos procesos de sanación y entendimiento requieren tiempo, y se da a sí mismo el espacio necesario para evolucionar a su propio ritmo. Encuentra fuerza en la repetición de afirmaciones positivas que refuerzan su identidad estoica y su compromiso con la virtud; estos mantras diarios le sirven como recordatorios constantes de su capacidad para manejar cualquier circunstancia con gracia.

Establece límites claros y saludables en su vida personal y profesional, lo que le permite proteger su energía y mantener su enfoque en sus prioridades sin agotarse emocionalmente. Reconoce la importancia del humor y la risa en la construcción de la resiliencia; incluso en medio de situaciones difíciles, encuentra momentos para la ligereza, lo que le ayuda a mantener una perspectiva equilibrada y a aliviar el estrés. Se compromete con la práctica regular del ejercicio físico, consciente de la conexión entre cuerpo y mente; esta disciplina física refuerza su fortaleza mental y le proporciona un escape saludable para las tensiones acumuladas. Aprovecha las artes y la creatividad como medios para expresar y procesar sus emociones; actividades como la escritura, la pintura o la música se convierten en vías para la catarsis y la reflexión personal. Cultiva el arte de la escucha, tanto hacia los demás como hacia sí mismo, entendiendo que la capacidad de escuchar activamente es fundamental para entender realmente las situaciones y forjar respuestas efectivas. Se educa continuamente sobre filosofía y otras áreas de interés para mantener su mente aguda y abierta; este aprendizaje continuo lo alimenta, lo inspira y lo fortalece en su búsqueda de una vida estoica. Mantiene un diario personal en el que reflexiona sobre sus experiencias, emociones y progresos; este hábito no solo le proporciona una válvula de escape para sus pensamientos, sino que también le permite rastrear su crecimiento emocional y filosófico a lo largo del tiempo.

El hombre estoico se enfrenta a cada nuevo desafío con una mente abierta y un corazón dispuesto a aprender; ve cada dificultad no como un obstáculo insuperable, sino como un escalón más hacia la madurez y sabiduría. Se rodea de una red de apoyo de personas que comparten y respetan sus valores estoicos, creando un entorno enriquecedor que fortalece su resiliencia emocional a través del intercambio de perspectivas y experiencias. Aprende a desvincular su sentido de satisfacción personal de las circunstancias externas, centrando su bienestar en su capacidad para mantener la integridad y vivir según sus principios. Practica la paciencia no solo como una virtud pasiva, sino como una herramienta activa para navegar la incertidumbre; reconoce que muchas de las mejores recompensas de la vida requieren tiempo y esfuerzo sostenido para materializarse. Aprecia el poder de la naturaleza como fuente de renovación y estabilidad; pasa tiempo al aire libre para conectarse con el ritmo natural del mundo, lo que le ayuda a poner en perspectiva las preocupaciones cotidianas y a rejuvenecer su espíritu. Se entrena para enfrentar las adversidades con un enfoque preventivo, desarrollando estrategias y mentalidades antes de que surjan problemas; este enfoque proactivo fortalece su capacidad para manejar el estrés con efectividad. Mantiene un balance entre la autocrítica constructiva y el reconocimiento de sus logros; esta balanceada autoevaluación le permite crecer sin caer en la trampa de la autoexigencia excesiva o la complacencia. Cultiva la curiosidad como un medio para fortalecer su resiliencia emocional; explorando nuevos intereses y aprendiendo constantemente, evita el estancamiento y mantiene su mente y su corazón activos y comprometidos.

Encuentra en la enseñanza de su filosofía estoica a otros una forma de reforzar sus propias creencias y practicar la resiliencia; al explicar sus principios a otros, clarifica sus propios pensamientos y fortalece su compromiso con ellos. Acepta que la vulnerabilidad es parte del ser humano y no una debilidad; al compartir sus luchas y dudas de manera abierta, no solo construye conexiones más auténticas, sino que también se fortalece al enfrentar y superar sus miedos. Enfrenta la crítica y el rechazo con una mente ecuánime, utilizando estas experiencias como oportunidades para practicar el desapego y la reflexión personal, lo que lo fortalece contra la negatividad y la desaprobación externa. El hombre estoico cultiva la habilidad de adaptarse rápidamente a nuevas situaciones; al ver cada cambio como una puerta hacia el crecimiento personal, mantiene su estabilidad emocional incluso en medio de la incertidumbre. Aplica la filosofía de 'ver las cosas como realmente son' para mitigar sus expectativas y prevenir decepciones; este realismo le permite enfrentar la vida con una visión clara y un corazón preparado para cualquier eventualidad. Aprende a identificar y gestionar sus emociones antes de que se intensifiquen, una habilidad que fortalece su capacidad para mantener la calma y la claridad en situaciones de alta tensión. La práctica de la autoobservación le permite detectar patrones de pensamiento que podrían desestabilizarlo, permitiéndole intervenir con técnicas estoicas que promueven la serenidad y la resistencia. Encuentra fortaleza en la repetición de rituales diarios que fortalecen su disciplina y enfoque; estos hábitos le proporcionan una estructura que sostiene su bienestar emocional a través de la consistencia y la previsibilidad.

Desarrolla una relación profunda con sus principios estoicos, lo que le permite actuar de acuerdo con su ética personal sin dejarse llevar por las emociones del momento, asegurando decisiones más sabias y consideradas. Al enfrentar pérdidas o fracasos, se toma el tiempo necesario para lamentar y recuperarse, reconociendo que la resiliencia también implica permitirse sentir dolor y aprender a sanar de manera saludable. Su capacidad para perdonar, tanto a otros como a sí mismo, es crucial en su camino estoico; el perdón le libera de resentimientos que podrían corroer su bienestar emocional y obstaculizar su progreso personal. Cultiva la capacidad de ver más allá de las situaciones momentáneas, centrando su atención en valores y metas a largo plazo, lo que le ayuda a relativizar las dificultades temporales y a mantener una perspectiva más amplia y equilibrada. En su viaje estoico, se esfuerza por mantener un equilibrio entre el cuidado personal y sus responsabilidades, sabiendo que descuidar su propio bienestar puede debilitar su capacidad para manejar los desafíos externos. Practica la moderación en sus respuestas emocionales, entrenándose para responder a situaciones con una medida justa de sentimiento que le permite mantener la objetividad y la eficacia en su resolución. A través de la práctica del diálogo interno positivo, refuerza su autoestima y resiliencia, contrarrestando las dudas y temores internos con afirmaciones que reflejan su verdadero valor y capacidades. Se esfuerza por extraer lecciones de cada experiencia, por difícil que sea, lo que le permite no solo sobrevivir a las adversidades sino también aprender de ellas, enriqueciendo su comprensión de la vida y de sí mismo.

Su práctica estoica incluye la aceptación del cambio como una constante inevitable de la vida, lo que le ayuda a adaptarse rápidamente a nuevas circunstancias sin perder su centro o su sentido de propósito. Fomenta la fortaleza emocional al cultivar la empatía hacia los demás, lo que no solo mejora sus relaciones, sino que también le proporciona perspectivas alternativas que enriquecen su entendimiento de las situaciones complejas. Desarrolla una resistencia a las críticas destructivas al fortalecer su núcleo de valores personales y convicciones, permitiéndole discernir cuándo las críticas son constructivas y cuándo son simplemente ruido sin fundamento. Se desafía a sí mismo al establecer metas que requieren tanto disciplina como paciencia, fortaleciendo su resiliencia emocional a través del proceso de alcanzar objetivos a largo plazo con persistencia y dedicación. Implementa una rutina de mindfulness que le permite observar sus emociones sin juzgarlas, facilitando un proceso más saludable de manejo emocional que sostiene su equilibrio durante períodos de estrés. Enfoca su energía en cultivar relaciones significativas que proporcionen soporte y comprensión mutua, ya que sabe que tener una red de apoyo sólida es esencial para mantener la resiliencia emocional en tiempos de prueba. Se mantiene conectado con sus pasiones y hobbies, consciente de que estas actividades no solo ofrecen escape y satisfacción, sino que también fortalecen su identidad y estabilidad emocional. Adopta una actitud de aprendizaje continuo frente a los desafíos, convirtiendo cada obstáculo en una pregunta de examen en la gran escuela de la vida, lo cual le permite enfrentar situaciones difíciles con un espíritu de curiosidad y crecimiento.

Practica regularmente la introspección para entender mejor sus reacciones emocionales, lo que le ayuda a desarrollar respuestas más meditadas y menos impulsivas ante los desafíos. Utiliza la escritura como una herramienta terapéutica; al poner sus pensamientos y emociones en papel, procesa sus experiencias de manera más efectiva y encuentra claridad y alivio en momentos de confusión o dolor. Se enfoca en construir y mantener su fuerza física, sabiendo que un cuerpo sano es un pilar crucial para una mente resiliente; el ejercicio regular es una parte integral de su rutina para manejar el estrés y las emociones negativas. Cultiva la resiliencia emocional al aprender a soltar lo que no puede controlar, centrándose en sus acciones y actitudes que sí puede manejar, lo que le permite mantener la paz interna y la efectividad en situaciones adversas. Refuerza su fortaleza emocional al celebrar sus pequeños éxitos diarios, lo que le ayuda a mantener una perspectiva positiva y a reconocer su progreso personal, incluso en los días más desafiantes. Desarrolla una profunda comprensión de sus límites personales, lo que le permite decir "no" cuando es necesario para preservar su bienestar emocional y físico, evitando el agotamiento y manteniendo su integridad. Encuentra solace y sabiduría en la naturaleza, utilizando el tiempo al aire libre para desconectar de las preocupaciones cotidianas y reconectar con una perspectiva más grande que le proporciona paz y claridad. Se compromete con el acto de dar y recibir feedback constructivo dentro de su comunidad o red de apoyo, valorando estas interacciones como oportunidades esenciales para el desarrollo personal y la mejora continua.

Refuerza su autoconocimiento mediante la práctica constante de la meditación y el mindfulness, técnicas que le permiten mantenerse centrado y consciente de sus estados emocionales, facilitando una gestión más efectiva de sus reacciones. Aprecia el valor de las tradiciones y rituales personales que sostienen su bienestar emocional; estos momentos de rutina le proporcionan un sentido de continuidad y seguridad, que son fundamentales en tiempos de cambio o incertidumbre. Adopta un enfoque estoico hacia las relaciones, evaluando cómo estas influyen en su equilibrio emocional y tomando decisiones conscientes sobre con quién pasar su tiempo, buscando relaciones que sean nutritivas y constructivas. Practica el arte de la resiliencia al enfrentarse a desafíos emocionales con la convicción de que cada experiencia dolorosa es temporal y le ofrece una oportunidad única para fortalecer su carácter y su comprensión de la vida. Establece metas personales que no solo lo desafían a crecer profesional o físicamente, sino que también fortalecen su capacidad emocional, como aprender a manejar mejor el estrés o desarrollar mayor empatía hacia los demás. Utiliza la escritura reflexiva como una estrategia para desahogar sentimientos y pensamientos que podrían sobrecargar su estabilidad emocional, encontrando en las palabras un refugio seguro para sus inquietudes. Se permite momentos de vulnerabilidad ante personas de confianza, entendiendo que compartir sus luchas puede aliviar el peso emocional y proporcionar nuevas perspectivas que enriquecen su capacidad de afrontamiento. Mantiene un equilibrio entre la vida laboral y personal, consciente de que la sobrecarga de trabajo puede desgastar su resiliencia emocional, buscando siempre momentos para recargar energías y dedicarse a sus intereses personales. Encuentra inspiración y motivación en las historias de otros hombres estoicos, tanto históricos como contemporáneos, que le demuestran que la resiliencia emocional es posible y transformadora. Se enfoca en el crecimiento continuo, no solo en momentos de crisis, sino como un componente integral de su vida diaria; la mejora constante en su manejo emocional lo prepara mejor para cualquier adversidad futura.

AUTONOMÍA MASCULINA: ENTRE LA AUTOSUFICIENCIA Y AUTOCUIDADO

El hombre estoico construye su autonomía sobre el fundamento de la autosuficiencia, no como un rechazo de la ayuda externa, sino como una afirmación de su poder personal para tomar decisiones y actuar conforme a sus propios valores y necesidades. El autocuidado es esencial en la vida de un hombre autónomo; reconoce que cuidarse a sí mismo no es un acto de indulgencia, sino una necesidad para mantener su energía, salud y capacidad de contribuir efectivamente en todos los aspectos de su vida. La autosuficiencia implica desarrollar habilidades y conocimientos que permitan al hombre ser independiente en diversas situaciones, desde la gestión financiera hasta la solución de problemas cotidianos, fortaleciendo su confianza y competencia.

El equilibrio entre el autocuidado y la autosuficiencia se encuentra en la capacidad del hombre para establecer límites saludables, sabiendo cuándo es necesario pedir ayuda y cuándo es crucial confiar en sus propios recursos. La autonomía masculina también incluye la habilidad de reconocer y manejar sus emociones de manera efectiva, una forma de autocuidado emocional que sustenta su capacidad para permanecer firme y centrado ante los desafíos. La educación continua es un pilar de la autosuficiencia, proporcionando al hombre las herramientas para tomar decisiones informadas y mantenerse al tanto de los cambios en el mundo que podrían afectar su vida y trabajo. La práctica de la meditación y otras técnicas de relajación no solo contribuyen al autocuidado, sino que también fortalecen la autonomía mental del hombre, ayudándolo a mantener la claridad y la perspectiva en situaciones de estrés. La autonomía masculina se ve reforzada por la capacidad del hombre de involucrarse activamente en su comunidad; esto no solo expande su red de apoyo, sino que también le permite influir en su entorno de manera significativa. En el camino hacia la autosuficiencia, el autocuidado se manifiesta en la capacidad del hombre para priorizar su bienestar a largo plazo por encima de las gratificaciones inmediatas, una decisión que protege su salud y sus objetivos futuros.

La autonomía masculina se celebra y se fortalece cuando los hombres comparten sus experiencias y estrategias para manejar tanto la autosuficiencia como el autocuidado, creando una comunidad de aprendizaje y apoyo mutuo. La autonomía masculina se nutre de la capacidad del hombre para tomar decisiones financieras independientes, un aspecto clave de la autosuficiencia que le permite tener control sobre su propio futuro y seguridad. Integrar el autocuidado en la rutina diaria no es solo una cuestión de salud física, sino también una práctica de empoderamiento personal, ya que cada acto de cuidado propio es una afirmación de su valor y derecho a la felicidad y bienestar. La autosuficiencia no solo abarca la independencia económica o laboral, sino también la habilidad para tomar decisiones personales y mantener relaciones interpersonales saludables, equilibrando la independencia con la interdependencia saludable. El autocuidado es también una cuestión de espacio personal; un hombre autónomo reconoce la importancia de tener un lugar propio, ya sea físico o mental, donde pueda Re energizarse y reflexionar sin interrupciones. La educación y la capacitación continuas son fundamentales para la autosuficiencia; al mantenerse actualizado en su campo y explorar nuevas áreas de interés, un hombre puede asegurar su relevancia y competitividad en el entorno laboral. El autocuidado emocional es crucial en la autonomía masculina, incluyendo el desarrollo de estrategias para manejar el estrés y los desafíos emocionales, asegurando que puede funcionar de manera óptima tanto en lo personal como en lo profesional.

La autonomía masculina también se refleja en la habilidad para establecer y mantener límites claros, tanto en el hogar como en el trabajo, lo que permite al hombre defender su tiempo, su energía y su bienestar general. Parte de la autosuficiencia implica saber cuándo y cómo invertir en uno mismo, ya sea a través de la educación, la salud, o la estabilidad financiera, tomando decisiones que sostendrán su autonomía a largo plazo. El autocuidado incluye la habilidad del hombre para celebrar sus propios logros y reconocer sus esfuerzos; al hacerlo, refuerza su autoestima y motiva su continua búsqueda de crecimiento y desarrollo personal. La autonomía masculina es una danza constante entre pedir ayuda cuando es necesario y ofrecer ayuda cuando es posible, encontrando un balance que sostiene tanto su independencia como su conexión con otros. La autonomía masculina se ve reforzada por la habilidad de tomar decisiones de salud informadas y proactivas, comprendiendo que el cuidado de su bienestar físico es una piedra angular de la independencia personal y profesional. Al cultivar una red de soporte compuesta por amigos, familiares y profesionales, un hombre no solo fortalece su autosuficiencia, sino que también asegura tener un sistema de apoyo para momentos donde el autocuidado por sí solo no es suficiente. La capacidad de negociar, tanto en entornos personales como profesionales, es una habilidad crucial para un hombre autónomo, permitiéndole abogar por sí mismo y por sus necesidades de manera efectiva y respetuosa. Un aspecto esencial del autocuidado es el desarrollo de una práctica de mindfulness o atención plena, que ayuda al hombre a mantenerse conectado con sus necesidades actuales y a gestionar mejor sus respuestas a los estresores cotidianos.

La autosuficiencia también implica una continua autoevaluación y adaptación; al reflexionar regularmente sobre su vida y tomar ajustes cuando es necesario, un hombre puede mantener su curso hacia metas personales y profesionales alineadas con sus valores. El autocuidado puede incluir la búsqueda de mentoría y consejo, elementos que fortalecen la autonomía al proporcionar guía basada en la experiencia de otros, lo que le permite tomar decisiones más informadas y estratégicas. La autonomía masculina también se manifiesta en la capacidad para establecer y perseguir metas financieras a largo plazo, como ahorrar para la jubilación o invertir en bienes raíces, asegurando su independencia económica futura. Un hombre autónomo reconoce la importancia de tener tiempo para sí mismo, tiempo que es esencial para la reflexión, el descanso y la recarga, evitando así el agotamiento y manteniendo su salud mental y física. La autosuficiencia no es solo la habilidad para cuidar de sí mismo, sino también la capacidad para hacerse cargo de su entorno, manteniendo un hogar que refleje sus preferencias personales y que sirva como un santuario de bienestar y tranquilidad. El autocuidado efectivo a menudo requiere un hombre autónomo para aprender a descomprimir y desestresarse de maneras que sean personalmente efectivas, ya sea a través del ejercicio, la meditación, la terapia o hobbies que le apasionen. La autonomía masculina también se refleja en la capacidad de manejar y superar las crisis personales; el hombre autónomo utiliza estos momentos como oportunidades para demostrar su autosuficiencia y fortalecer su capacidad de autocuidado.

Cultivar la independencia emocional es crucial para la autonomía masculina; aprender a validar sus propios sentimientos y necesidades sin depender exclusivamente de la aprobación de otros es una forma esencial de autocuidado. Al desarrollar habilidades prácticas, desde reparaciones domésticas hasta la gestión financiera, un hombre no solo amplía su autosuficiencia, sino que también aumenta su confianza en su capacidad para manejar diversas situaciones por sí mismo. La autonomía implica la habilidad de distinguir entre estar solo y sentirse solo, y el hombre autónomo cultiva la solidez necesaria para disfrutar de su propia compañía, fortaleciendo su bienestar emocional a través del tiempo en soledad. La adopción de tecnologías que facilitan la vida cotidiana es otra manera en que el hombre autónomo puede mejorar su autosuficiencia, permitiéndole gestionar eficazmente tanto su tiempo como sus recursos. La participación activa en decisiones comunitarias y sociales no solo refuerza la red de apoyo de un hombre, sino que también fortalece su sentido de autonomía al influir directamente en su entorno y contribuir a cambios positivos. El autocuidado también incluye la capacidad de alejarse de relaciones o situaciones tóxicas, lo cual es una afirmación poderosa de autosuficiencia y respeto propio, preservando su salud mental y emocional. Una dieta equilibrada y un régimen de ejercicio regular no son solo aspectos de autocuidado físico, sino manifestaciones de una autogestión eficaz que subraya la autosuficiencia en mantener su bienestar general. La autonomía se fortalece cuando un hombre aprende a comunicar claramente sus expectativas y necesidades en todas las facetas de la vida, desde el ámbito profesional hasta el personal, garantizando que sus límites sean respetados y sus deseos considerados.

Un hombre autónomo se dedica a una práctica continua de autoexploración y crecimiento personal, buscando siempre expandir su comprensión de sí mismo y del mundo, lo que alimenta tanto su autosuficiencia como su autocuidado. La autonomía masculina también se manifiesta en la capacidad de tomar decisiones financieras estratégicas; la autosuficiencia económica es crucial, y los hombres autónomos priorizan su educación financiera para asegurar su independencia a largo plazo. Al adoptar la autosuficiencia en el manejo del tiempo, un hombre autónomo aprende a equilibrar eficazmente sus compromisos laborales, personales y sociales, asegurando que su autocuidado no se vea comprometido por las exigencias externas. El autocuidado psicológico es vital; incluye la búsqueda de terapia o asesoramiento cuando es necesario, reconociendo que pedir ayuda profesional es un signo de fuerza y una herramienta para mantener su salud mental y emocional. Fomentar la capacidad de ser críticamente independiente en la evaluación de información y en la toma de decisiones refuerza la autosuficiencia intelectual, permitiendo a los hombres tomar decisiones informadas basadas en su juicio y no en la influencia externa. La autonomía se expande cuando los hombres se involucran activamente en causas y actividades que les apasionan; esto no solo contribuye a su desarrollo personal, sino que también fortalece su impacto en la comunidad y su red de apoyo.

Integrar la sostenibilidad en su estilo de vida, desde decisiones de consumo hasta prácticas de vida ecológica, es una forma de autocuidado que refleja la responsabilidad personal y global del hombre autónomo. La autonomía en la salud se ve reforzada cuando los hombres toman un papel activo y educado en sus opciones de salud y tratamientos, asegurándose de que sus elecciones están alineadas con sus valores personales y conocimientos médicos. El autocuidado emocional implica también la creación de un espacio seguro donde el hombre puede explorar su identidad y expresarse sin miedo ni restricciones, reforzando su sentido de auto y su autosuficiencia emocional. Los hombres autónomos desarrollan una fuerte capacidad de resiliencia, permitiéndoles adaptarse y prosperar a pesar de los contratiempos y desafíos, una habilidad que equilibra la autosuficiencia con la habilidad para recuperarse y cuidarse a sí mismos eficazmente. Aprender a celebrar sus propios éxitos y reconocer sus logros es una parte crucial del autocuidado y la autosuficiencia; estas prácticas fomentan una autoimagen positiva y una motivación intrínseca que sustenta la autonomía masculina. El hombre autónomo utiliza la tecnología y la digitalización como herramientas poderosas para mejorar su autosuficiencia, aprovechando recursos en línea para aprender, crecer y conectarse, manteniendo al mismo tiempo un equilibrio saludable con el tiempo desconectado como parte de su autocuidado. Fomentar un entorno de vida que promueva tanto la productividad como la relajación es esencial para su autonomía; esto significa crear espacios físicos que reflejen sus necesidades y preferencias, lo que contribuye a su bienestar general y eficacia.

La planificación estratégica de su carrera y desarrollo personal es una manifestación de autosuficiencia; al establecer y revisar periódicamente sus objetivos, asegura que su crecimiento profesional y personal siga una trayectoria que respete su necesidad de autocuidado. En el ámbito del autocuidado, el hombre autónomo se esfuerza por mantener una dieta nutritiva y un régimen de ejercicio que respeten los ritmos naturales de su cuerpo, reconociendo que una buena salud física es una base para la autosuficiencia en todos los otros aspectos de su vida. La autonomía también incluye la capacidad de influir y liderar en su entorno, asumiendo roles de liderazgo o iniciando proyectos que no solo muestran su autosuficiencia, sino que también fomentan un ambiente de apoyo y cuidado mutuo. La capacidad de desconectar conscientemente de las obligaciones laborales y dedicar tiempo a pasatiempos y actividades que enriquecen su alma es crucial para su autocuidado y, por ende, para su capacidad de mantenerse autosuficiente sin agotarse. La autosuficiencia emocional incluye el desarrollo de técnicas de manejo del estrés que permitan al hombre mantener su autonomía incluso en situaciones de alta presión, garantizando que pueda funcionar efectivamente sin comprometer su salud emocional. A través de la educación financiera, el hombre autónomo fortalece su capacidad para tomar decisiones económicas independientes, desde la inversión hasta el ahorro, aspectos que son fundamentales para el autocuidado a largo plazo. El autocuidado en la autonomía masculina también significa reconocer cuando sus reservas de energía están bajas y saber cómo y cuándo reponerlas, ya sea a través del descanso, la meditación, o actividades que le recarguen emocional y físicamente.

Establecer y mantener una comunicación efectiva en todas sus relaciones es un acto de autosuficiencia; garantiza que sus necesidades y límites sean comprendidos y respetados, lo que es vital para un autocuidado eficaz y una vida autónoma. La autonomía de un hombre se fortalece cuando domina el arte de la negociación en su vida personal y profesional, asegurando que puede abogar por sí mismo y sus necesidades de manera efectiva, una habilidad crucial para su autosuficiencia y autocuidado. Un hombre autónomo entiende la importancia de la educación continua en campos que impactan directamente su vida y bienestar, como la salud, las finanzas y el desarrollo personal, lo que lo equipa con los conocimientos necesarios para tomar decisiones informadas. La práctica del autocuidado se extiende a la gestión de su tiempo, aprendiendo a priorizar actividades que nutren su cuerpo, mente y espíritu, lo que a su vez aumenta su capacidad para ser autosuficiente en áreas demandantes de su vida. El desarrollo de una red de apoyo diversa y robusta es fundamental para la autonomía masculina, proporcionando un sistema de soporte que complementa su autosuficiencia y asegura que el autocuidado no se convierta en aislamiento. Aprender a enfrentar y gestionar el fracaso es esencial para el hombre autónomo; entender que los reveses son temporales y una fuente de aprendizaje crítico ayuda a mantener un equilibrio entre su autosuficiencia y su necesidad de autocuidado emocional. La autosuficiencia también implica la habilidad de manejar y delegar tareas cuando es necesario; reconocer que el autocuidado a veces significa pedir ayuda permite al hombre mantener su autonomía sin comprometer su bienestar.

La práctica de técnicas de relajación avanzadas como el yoga o la meditación profunda no solo es una forma de autocuidado, sino que también aumenta su resistencia mental, crucial para mantener la autosuficiencia en situaciones estresantes o adversas. El mantenimiento de una vida social activa y gratificante juega un papel importante en el autocuidado, proporcionando alegría y una salida para el estrés, lo que indirectamente apoya su capacidad para ser autosuficiente en otros aspectos de la vida. La capacidad de adaptarse a nuevas tecnologías y utilizarlas para mejorar su eficiencia personal y profesional es una señal de autosuficiencia moderna, mientras que también asegura que su autocuidado incluya desconectarse para evitar el agotamiento digital. La construcción de una identidad independiente que incluya el reconocimiento y la celebración de sus logros fortalece su autoestima y la valida como un hombre autónomo y capaz, vital para equilibrar la autosuficiencia con el autocuidado sostenible. Desarrollar un sentido fuerte de autoevaluación es clave para la autonomía masculina; esto permite a un hombre analizar críticamente sus fortalezas y debilidades, facilitando decisiones de autosuficiencia y prácticas de autocuidado más informadas y efectivas. El hombre autónomo hace de la gestión del estrés una prioridad, utilizando herramientas como la terapia cognitivo-conductual para desmantelar pensamientos negativos y reforzar su capacidad de manejo independiente de las presiones de la vida.

La autosuficiencia en el ámbito emocional se refuerza al aprender a crear y mantener un diálogo interno positivo, un pilar crucial de autocuidado que fomenta la resiliencia y la autoconfianza en situaciones desafiantes. Los hombres que buscan una verdadera autonomía cultivan la capacidad de cambiar de perspectiva cuando enfrentan desafíos, utilizando la flexibilidad mental como una forma de adaptarse y prosperar, lo cual es vital tanto para la autosuficiencia como para el autocuidado. En el viaje hacia la autosuficiencia, el autocuidado también incluye establecer un equilibrio saludable entre el trabajo y la vida personal, asegurando que la dedicación a la carrera no socave el bienestar físico y mental. Un aspecto esencial del autocuidado para el hombre autónomo es aprender a celebrar el proceso y no solo los resultados, valorando cada paso dado hacia sus metas como un éxito en sí mismo, lo cual nutre su motivación y satisfacción personal. La autosuficiencia se extiende a entender y manejar las propias necesidades nutricionales y de salud, tomando decisiones alimenticias y de estilo de vida que soporten niveles óptimos de energía y salud, esenciales para mantener una vida autónoma. El autocuidado efectivo incluye la habilidad de reconocer cuando se está sobrecargado y tomar medidas proactivas para descomprimir, ya sea mediante vacaciones, pasatiempos relajantes o simplemente tiempo de inactividad, lo que permite recargar energías. La autonomía masculina también significa ser capaz de navegar y gestionar la vida digital de manera que respalde sus objetivos personales y profesionales, evitando que la tecnología se convierta en una fuente de estrés o distracción. Construir y mantener una mentalidad de crecimiento es fundamental; al ver cada experiencia como una oportunidad para aprender y expandirse, un hombre refuerza su autosuficiencia y su capacidad de cuidar de sí mismo de manera integral y sostenible.

Un hombre autónomo comprende la importancia de construir y sostener redes profesionales y personales, ya que estas son fundamentales para su desarrollo y bienestar, proporcionando tanto apoyo como oportunidades que facilitan la autosuficiencia. El aprendizaje de habilidades nuevas es una faceta esencial de la autosuficiencia; al mantenerse actualizado en habilidades relevantes y adquirir conocimientos en áreas emergentes, un hombre puede asegurar su relevancia y autonomía en un mercado laboral en constante cambio. La autonomía masculina también implica la habilidad para tomar decisiones de salud proactivas, entendiendo que el cuidado preventivo es una parte crucial del autocuidado y esencial para mantener la independencia a largo plazo. Los hombres autónomos fomentan la capacidad de reflexionar sobre sus experiencias y extraer lecciones de vida, un proceso que fortalece su autosuficiencia emocional y apoya su bienestar mental mediante la introspección y la autoaceptación. El equilibrio entre la vida profesional y personal no solo mejora la calidad de vida, sino que también refuerza la autonomía al permitir a los hombres gestionar su tiempo y recursos de manera que no comprometan su salud o felicidad personal. Incorporar la resiliencia financiera como un objetivo de autocuidado permite a los hombres crear un futuro donde no solo son autosuficientes, sino también capaces de soportar y superar desafíos económicos sin comprometer su seguridad o estilo de vida. La autonomía en la toma de decisiones de vida, desde elegir una carrera hasta decidir dónde y cómo vivir, es crucial para la autosuficiencia; estas decisiones deben reflejar las propias prioridades y valores, no las expectativas de otros.

El desarrollo de una sólida ética de trabajo personal, alineada con sus objetivos y necesidades, no solo refuerza la autosuficiencia profesional, sino que también forma parte del autocuidado al evitar el desgaste y promover una satisfacción duradera en su carrera. La autonomía masculina se ve realzada por la capacidad de mantener un estado físico saludable, pues el ejercicio regular y una nutrición adecuada son fundamentales no solo para la autosuficiencia física sino también para el bienestar emocional y psicológico. La habilidad para identificar y utilizar recursos disponibles, desde herramientas en línea hasta grupos de apoyo local, puede amplificar tanto la autosuficiencia como el autocuidado, permitiendo a los hombres manejar desafíos de manera más efectiva y con mayor confianza. Aceptar y abrazar la diversidad de sus roles personales y profesionales es vital para el hombre autónomo, entendiendo que la autosuficiencia no significa hacerlo todo solo, sino ser capaz de gestionar efectivamente las diversas facetas de su vida. La capacidad de manejar la soledad de forma saludable es un aspecto crítico del autocuidado; el hombre autónomo encuentra valor en el tiempo solo como una oportunidad para la auto reflexión y el crecimiento personal. La autonomía implica también la capacidad para establecer y cumplir objetivos financieros personales, reconociendo que la independencia económica es fundamental para la libertad personal y profesional. Integrar prácticas de atención plena en la rutina diaria no solo ayuda a mantener el equilibrio emocional, sino que también refuerza la capacidad de tomar decisiones conscientes y deliberadas, fundamentales para la autosuficiencia.

El hombre autónomo fomenta una identidad personal fuerte y definida que lo empodera para resistir las presiones sociales que pueden desviarlo de sus objetivos de autocuidado y autosuficiencia. Aprender a decir "no" a demandas irrazonables o excesivas es crucial para mantener un equilibrio saludable y proteger su tiempo y energía, lo cual es esencial para el autocuidado y la autosuficiencia. La autonomía también incluye la habilidad para navegar y mitigar conflictos tanto en el hogar como en el trabajo, utilizando habilidades de comunicación efectiva y resolución de conflictos para mantener relaciones saludables y apoyar su bienestar general. La adopción de una mentalidad de crecimiento permite al hombre autónomo ver los desafíos como oportunidades para aprender y fortalecerse, un aspecto fundamental del autocuidado que promueve la resiliencia y la autosuficiencia. Mantener un enfoque proactivo en la salud preventiva, tomando decisiones de estilo de vida que minimicen el riesgo de enfermedades, es una manifestación de autocuidado que apoya su capacidad para ser autosuficiente. Reconocer y celebrar sus propios logros es fundamental para la autoestima y la motivación, ayudando al hombre autónomo a mantener su compromiso con el autocuidado y la autosuficiencia a lo largo del tiempo.

LIBERACIÓN Y CONTROL: ESTRATEGIAS ESTOICAS PARA EL HOMBRE MODERNO

El hombre moderno utiliza la introspección estoica para comprender sus emociones y reacciones, permitiéndole ejercer mayor control sobre sus respuestas y, en consecuencia, sobre su vida. Este autoconocimiento profundo es la base de su libertad, ya que, al conocerse mejor, puede manejar situaciones desafiantes con mayor eficacia y menos estrés. Adoptar la indiferencia estoica hacia lo que no se puede cambiar, enfocando su energía y atención en lo que sí puede influir, es una estrategia poderosa para los hombres modernos. Esto les permite liberarse de la frustración y canalizar sus recursos hacia acciones más productivas y satisfactorias.

La práctica de visualizar el peor escenario, conocida como premeditatio malorum en el estoicismo, prepara al hombre moderno para enfrentar las adversidades con calma y perspectiva. Este ejercicio mental fortalece su resiliencia y reduce el impacto emocional de los eventos negativos cuando estos ocurren. La reflexión diaria sobre las acciones y decisiones es una herramienta estoica que ayuda al hombre moderno a mantenerse fiel a sus principios y objetivos. Este hábito no solo fomenta el crecimiento personal y la mejora continua, sino que también le proporciona un sentido de progreso y control sobre su desarrollo. Practicar la gratitud conscientemente es esencial para la liberación emocional. Al enfocarse en lo que tiene en lugar de en lo que le falta, un hombre puede cultivar una mayor satisfacción y alegría en su vida diaria, lo cual es fundamental para un bienestar duradero y una perspectiva equilibrada. Establecer y respetar límites personales y profesionales es crucial para mantener el control en un mundo que constantemente demanda tiempo y atención. A través de la claridad estoica sobre lo que es y no es aceptable, el hombre moderno puede proteger su tiempo, energía y bienestar emocional. Aprender a percibir las opiniones y críticas de los demás como externas y no como determinantes de su valor propio es una aplicación del estoicismo que puede liberar significativamente al hombre moderno de las cadenas del juicio externo.

El ejercicio de diferenciar entre deseos y necesidades, una práctica estoica, permite al hombre moderno simplificar su vida y reducir el exceso. Este enfoque no solo libera recursos, sino que también clarifica sus verdaderas prioridades y aumenta su autonomía. El manejo del tiempo, inspirado en las enseñanzas estoicas sobre la eficiencia y el propósito, ayuda al hombre moderno a utilizar su tiempo de manera más deliberada y satisfactoria. Esto lo libera de la tiranía de la agenda abarrotada y le permite dedicar tiempo a lo que realmente valora. Cultivar la serenidad ante el caos, una meta estoica, permite al hombre moderno mantener la calma en situaciones de alta presión. Esta capacidad no solo mejora su desempeño en momentos críticos, sino que también lo ayuda a tomar decisiones más claras y efectivas. Integrar la reflexión sobre la impermanencia de las situaciones ayuda al hombre moderno a no sobrevalorar las adversidades temporales ni las victorias efímeras, lo que le permite mantener una perspectiva equilibrada y reducir la ansiedad sobre eventos futuros. El hombre moderno puede fortalecer su control emocional practicando la aceptación activa, una técnica estoica que implica reconocer y abrazar la realidad tal como es, sin resistencia ni resentimiento, lo que facilita una respuesta más calma y medida a las circunstancias de la vida. Utilizando el principio estoico de que "solo las propias percepciones pueden perturbar a una persona," los hombres pueden trabajar para cambiar su interpretación de los eventos en lugar de los eventos en sí, una forma poderosa de ejercer control interno y mejorar su respuesta emocional.

La planificación reflexiva es vital para manejar los compromisos y responsabilidades sin sentirse abrumado; al priorizar tareas y compromisos según su importancia real y no según la presión externa, el hombre moderno puede mantener el control sobre su agenda y su vida. Desarrollar el arte de la indiferencia selectiva permite al hombre moderno desentenderse de trivialidades que de otro modo consumirían su energía y atención, reservando sus recursos para aquello que verdaderamente importa y es congruente con sus valores. Al practicar regularmente la autoobservación, el hombre moderno puede identificar patrones de pensamiento y comportamiento que limitan su libertad y control, permitiéndole hacer ajustes conscientes hacia comportamientos más liberadores y autorrealizados. Fomentar una perspectiva de 'vista desde arriba', un ejercicio estoico que implica visualizar la vida desde una perspectiva más amplia ayuda a relativizar los problemas personales, reduciendo su peso emocional y facilitando un enfoque más objetivo y tranquilo. Asumir la responsabilidad total por las reacciones personales ante las circunstancias externas es esencial para la autonomía; esto no solo refuerza la autosuficiencia, sino que también promueve una sensación de control y empoderamiento en todos los aspectos de la vida. Implementar un diálogo interno constructivo es crucial; al reemplazar la autocrítica o el catastrofismo por afirmaciones que fomenten la resiliencia y la positividad, el hombre moderno puede mejorar significativamente su bienestar y efectividad.

La práctica de la generosidad y la compasión, principios estoicos que enriquecen la conexión humana, no solo mejoran las relaciones, sino que también elevan el espíritu y fomentan una sensación de control y paz internos, liberando al hombre de la negatividad y el aislamiento. Cultivar la habilidad de diferenciar entre preocupaciones controlables e incontrolables es crucial; esto permite al hombre moderno enfocarse energéticamente en áreas donde puede hacer un cambio significativo, mientras libera la tensión de intentar manejar lo imposible. El hombre moderno puede adoptar la práctica de establecer intenciones claras cada mañana, un método estoico para comenzar el día con un sentido de propósito y control, asegurando que sus acciones estén alineadas con sus valores y objetivos. Practicar la desidentificación de los roles sociales y las expectativas permite al hombre moderno explorar quién es sin las etiquetas impuestas por la sociedad, lo que lo libera para actuar de acuerdo con su auténtico yo y fortalece su autonomía personal. La implementación de rutinas diarias que fomenten tanto la productividad como el bienestar personal es una forma de ejercer control sobre el tiempo y la energía, asegurando que cada día contiene elementos que contribuyen a su salud física, mental y emocional. Emplear la técnica de "vivir como si," donde se actúa como si uno ya poseyera las cualidades o la situación deseada, puede ser una poderosa herramienta estoica para fomentar la autoconfianza y la realización personal, ayudando a manifestar los cambios deseados en la realidad. La consolidación de una filosofía de vida que priorice la tranquilidad y la sabiduría sobre las emociones efímeras ayuda al hombre moderno a mantener su centro en situaciones volátiles, fortaleciendo su capacidad para responder en lugar de reaccionar.

Adoptar el hábito de la reflexión nocturna sobre los eventos del día, evaluando qué acciones fueron efectivas y cuáles no, permite al hombre moderno aprender continuamente de su experiencia y ajustar su enfoque para mejorar el control sobre su vida. La práctica de escribir cartas que nunca se envían a personas con quienes tiene conflictos o preocupaciones puede ser una técnica de liberación emocional, permitiéndole expresar sentimientos y pensamientos de manera segura y terapéutica. Desarrollar una actitud de agradecimiento incluso en situaciones desafiantes ayuda al hombre moderno a mantener una perspectiva positiva, lo que puede transformar su interpretación de los eventos y aumentar su sensación de control y satisfacción con la vida. El hombre moderno se beneficia al establecer y mantener un compromiso con el aprendizaje y la adaptabilidad, entendiendo que el control a menudo proviene de la capacidad para ajustarse a nuevas informaciones y circunstancias, manteniendo así su relevancia y efectividad. Aceptar que algunas situaciones están fuera de su control, pero su respuesta a ellas no lo está, es fundamental para el hombre moderno; este entendimiento estoico ayuda a mantener la calma y centrarse en lo que realmente puede influir. La práctica de segmentar los problemas en componentes más pequeños y manejables permite al hombre moderno abordar las situaciones complejas de manera más efectiva, una técnica estoica que reduce la sensación de abrumador y aumenta la percepción de control. Utilizar el diálogo interior para cuestionar y redefinir creencias limitantes es una manera poderosa de liberarse de antiguos patrones de pensamiento que pueden restringir la acción y la percepción personal de la autonomía.

La implementación de momentos de quietud y silencio en la rutina diaria no solo es una forma de autocuidado, sino también un método para fortalecer la resolución y claridad mental, permitiendo al hombre moderno tomar decisiones más deliberadas y controladas. Fomentar la fortaleza interior mediante la lectura y reflexión sobre textos estoicos y otras fuentes de sabiduría filosófica puede proporcionar al hombre moderno una base sólida de principios para guiar su comportamiento y decisiones. Practicar la autosuficiencia emocional al aprender a consolarse y motivarse a sí mismo en tiempos difíciles es crucial para mantener el control personal y no depender excesivamente de la validación o apoyo externo. La valoración de la propia compañía y el desarrollo de un contento solitario son esenciales para la liberación personal;

esto permite al hombre moderno disfrutar de su propia presencia sin sentirse incompleto o dependiente de otros. Adoptar la perspectiva de que cada desafío es una oportunidad para aprender y crecer, no solo alivia la presión de la perfección, sino que también empodera al hombre moderno a tomar riesgos calculados y experimentar con nuevas soluciones. El ejercicio de fijar límites claros y comunicarlos eficazmente en todas las áreas de su vida es una demostración de control y respeto propio, protegiendo su tiempo, energía y emociones de ser malgastados o malinterpretados. Mantener un compromiso con el equilibrio entre trabajo y vida personal es una manifestación de control estoico y autocuidado; al priorizar ambos aspectos, el hombre moderno asegura que su vida sea sostenible y gratificante a largo plazo.

El hombre moderno puede fortalecer su capacidad de control personal mediante el establecimiento de una rutina diaria que incluya tanto actividades productivas como momentos dedicados exclusivamente al descanso y la reflexión, equilibrando eficazmente su energía y compromisos. Cultivar la habilidad de mantenerse objetiva ante críticas o elogios permite al hombre moderno evaluar feedback de manera constructiva, usando estas opiniones para mejorar sin dejar que afecten negativamente su autoestima o su motivación. Aplicar el principio estoico de enfocarse en el presente ayuda al hombre moderno a evitar la preocupación por el futuro o el remordimiento por el pasado, incrementando su eficacia y satisfacción en las actividades diarias. El hombre moderno se beneficia enormemente al aprender y practicar la técnica de diferir su respuesta a situaciones provocativas o estresantes, un método que le permite evaluar mejor las circunstancias antes de reaccionar, garantizando respuestas más consideradas y efectivas. Implementar un sistema de apoyo basado en mentores o pares que comparten una perspectiva estoica puede ser invaluable; estos lazos no solo proporcionan apoyo y guía, sino que también refuerzan su compromiso con los principios de autodisciplina y control personal. Reconocer y celebrar las pequeñas victorias en su jornada hacia objetivos mayores es una forma de mantener la motivación y el enfoque, permitiéndole al hombre moderno ver el progreso en su esfuerzo por lograr una vida equilibrada y autodeterminada. El hombre moderno aprovecha el entrenamiento en habilidades de comunicación asertiva para expresar sus necesidades y deseos de manera clara y respetuosa, asegurando que su voz sea escuchada y considerada en todas las áreas de su vida.

Explorar y adoptar nuevas aficiones o intereses no solo enriquece su vida, sino que también fortalece su autonomía emocional y mental, ofreciendo frescas perspectivas y experiencias que desafían su crecimiento personal. La autonomía se amplía al tomar decisiones conscientes sobre el consumo de medios y la elección de contenido que alimente su mente y espíritu, evitando información que pueda desestabilizar su equilibrio emocional o distraerlo de sus metas. Mantener un diario de pensamientos y reflexiones puede ser una herramienta estoica poderosa para la autoevaluación y el desarrollo personal, ayudando al hombre moderno a registrar su crecimiento, entender sus desafíos y planificar sus futuras acciones con mayor claridad y propósito. La práctica de limitar la exposición a situaciones y personas que históricamente han provocado estrés o ansiedad es vital; estableciendo un entorno más controlado, el hombre moderno puede centrarse mejor en su crecimiento personal y en mantener un estado mental positivo. Aprovechar la autodisciplina para establecer y seguir regímenes de ejercicio regular no solo mejora la salud física, sino que también refuerza la mentalidad de que el control sobre el cuerpo es un reflejo del control sobre la vida, una clave del estoicismo. El hombre moderno puede cultivar la resiliencia practicando conscientemente la aceptación de los cambios y desafíos como partes inevitables de la vida, ayudándolo a mantener la compostura y encontrar soluciones sin perder el equilibrio emocional.

Emplear técnicas de meditación para reflexionar sobre sus reacciones y decisiones diarias facilita un profundo autoconocimiento, permitiéndole identificar áreas donde puede ejercer más control y aumentar su autonomía. Establecer un tiempo semanal para revisar metas y ajustar planes permite al hombre moderno mantenerse en un camino claro hacia sus aspiraciones, reflejando la enseñanza estoica de que la vida bien examinada conduce a la sabiduría. Desarrollar la capacidad de diferenciar entre necesidades reales y deseos creados por influencias externas es crucial; este discernimiento fortalece la autosuficiencia y reduce la dependencia de factores externos para la felicidad y el bienestar. La práctica estoica de limitar los deseos materiales y centrarse en el enriquecimiento interno puede liberar al hombre moderno de la constante búsqueda de la aprobación externa y el materialismo, centrando su búsqueda de satisfacción en el automejoramiento y la virtud. Involucrarse en actividades de voluntariado o causas comunitarias puede ampliar la perspectiva y fomentar un sentido de propósito y control, al alinear sus acciones con sus valores y contribuir positivamente al mundo. La técnica de escribir cartas a sí mismo durante momentos de decisión o crisis puede ayudar al hombre moderno a clarificar sus pensamientos y emociones, permitiéndole tomar decisiones más objetivas y centradas. Fomentar una cultura de auto celebración por los logros personales y los pasos hacia la autonomía no solo aumenta la autoestima, sino que también consolida la creencia en su propia capacidad para manejar y dirigir su vida de manera efectiva. Adoptar el principio de que 'menos es más' puede ser transformador; al simplificar conscientemente su estilo de vida y sus posesiones, el hombre moderno puede reducir el desorden físico y mental, lo que resulta en mayor claridad y enfoque en sus prioridades.

La práctica de reservar momentos para la auto reflexión tranquila cada día permite al hombre moderno revisar sus compromisos y alinear sus acciones con sus valores más profundos, una clave para vivir una vida estoica auténtica y controlada. Fomentar la independencia emocional al aprender a encontrar soluciones por sí mismo antes de buscar ayuda externa promueve un sentido profundo de competencia y confianza, vital para la autosuficiencia y el autocuidado. La habilidad de mantener la ecuanimidad frente a la crítica es invaluable; desarrollando una piel gruesa y un corazón abierto, el hombre moderno puede aceptar lo útil, descartar lo destructivo y mantener su paz interior. Practicar la diferenciación entre los roles que desempeña en la vida y su identidad central puede ayudar al hombre moderno a no definirse exclusivamente por sus funciones externas, liberándolo para explorar y cultivar su verdadero yo. El establecimiento de rituales matutinos que incluyan afirmaciones, visualización y lectura de textos estoicos o inspiradores puede proporcionar al hombre moderno un inicio de día enfocado y sereno, poniendo las bases para el control y la productividad. Aprender a gestionar y canalizar adecuadamente la ira y la frustración mediante técnicas como la escritura reflexiva o la actividad física puede transformar emociones potencialmente destructivas en fuerzas para el crecimiento personal y el cambio positivo. Involucrarse en grupos de discusión o comunidades que practiquen la filosofía estoica puede proporcionar apoyo, inspiración y nuevas ideas, fortaleciendo el sentido de comunidad y pertenencia del hombre moderno mientras persigue su desarrollo personal.

Desarrollar una relación sana con el fracaso, viéndolo como una parte inevitable del proceso de aprendizaje y crecimiento, puede liberar al hombre moderno de la parálisis por análisis y el miedo al rechazo, animándolo a tomar riesgos calculados. Implementar la práctica de establecer expectativas realistas para sí mismo y para los demás puede evitar decepciones innecesarias y mantener una visión equilibrada de la vida, permitiéndole al hombre moderno disfrutar de relaciones y proyectos más satisfactorios y menos estresantes. Establecer un tiempo específico para la desconexión digital diaria puede ayudar al hombre moderno a mantener un control efectivo sobre su consumo de información y tecnología, facilitando un espacio para la reflexión y la conexión personal sin distracciones. Practicar el arte de decir "no" de manera asertiva y respetuosa es fundamental para mantener la autonomía y el control en todas las áreas de la vida; esto permite al hombre moderno proteger su tiempo y recursos, asegurando que sus acciones estén alineadas con sus prioridades más profundas. La adopción de la máxima estoica "controla tus percepciones" es crucial; al ajustar cómo percibe los eventos, el hombre moderno puede transformar su experiencia del mundo, disminuyendo el impacto negativo de las circunstancias externas en su bienestar emocional. Fomentar un sentido de propósito claro y bien definido puede guiar al hombre moderno en sus decisiones diarias y estrategias a largo plazo, proporcionando un marco que fortalece su autonomía y fomenta un sentido de control sobre su dirección en la vida.

El hombre moderno se beneficia al establecer una rutina de ejercicio físico que no solo fortalece su cuerpo sino también su mente; el ejercicio regular es un pilar estoico para mejorar la disciplina personal y la resistencia mental, elementos clave para el autocontrol. La práctica estoica de reflexionar sobre los momentos de satisfacción al final del día puede ayudar al hombre moderno a reconocer y valorar los progresos hechos, fomentando un sentido de logro y motivación para continuar persiguiendo sus metas. Involucrar a amigos o familiares en discusiones sobre metas y desafíos personales puede proporcionar una perspectiva externa útil, fortaleciendo las redes de apoyo mientras se mantiene la autonomía en la toma de decisiones finales. El establecimiento de mini-retiros personales para la planificación y reflexión puede ser una técnica invaluable para los hombres modernos, ofreciendo una oportunidad para evaluar la eficacia de sus estrategias y hacer ajustes necesarios en un entorno tranquilo y controlado. Aprender y practicar técnicas de negociación efectiva en situaciones personales y profesionales puede incrementar significativamente el sentido de control y poder personal, habilidades esenciales para cualquier hombre que busque mantener su autonomía en un mundo interconectado. La práctica de la paciencia y la persistencia en la persecución de metas a largo plazo es una virtud estoica que el hombre moderno puede cultivar para mejorar su capacidad de gestionar desilusiones y contratiempos, reforzando su resiliencia y capacidad de control.

Adoptar la técnica de revisión de la jornada al estilo de Séneca, en la que al final del día se reflexiona sobre lo que se ha hecho bien y lo que se podría mejorar, es una poderosa herramienta para el autoexamen y el crecimiento personal, ayudando al hombre moderno a ajustar sus comportamientos y decisiones de acuerdo con sus valores fundamentales. Fomentar la objetividad al enfrentar críticas, analizando cada comentario constructivamente en lugar de responder emocionalmente, permite al hombre moderno extraer lecciones útiles mientras mantiene el control sobre su estado emocional y su respuesta. La implementación de períodos regulares de silencio, alejados de las distracciones de los medios sociales y otras formas de comunicación, puede proporcionar un espacio vital para la introspección y la claridad mental, fundamentales para el autocuidado y la autosuficiencia. Practicar la aceptación activa de los fallos como parte del proceso de aprendizaje y no como un reflejo del valor personal puede ayudar al hombre moderno a liberarse de la autocrítica excesiva y fomentar una actitud más compasiva hacia sí mismo. El hombre moderno puede mejorar su control emocional y su capacidad de respuesta frente a situaciones estresantes al cultivar la "visión sub specie aeternitatis" (bajo el aspecto de la eternidad), que pone los eventos diarios en una perspectiva más amplia y reduce su impacto emocional. Desarrollar y mantener una práctica de mindfulness enfocada en el momento presente puede aumentar significativamente la capacidad del hombre moderno para gestionar el estrés y mantenerse centrado y tranquilo, independientemente de las circunstancias externas.

Crear un 'espacio de tranquilidad' físico y mental donde pueda retirarse para encontrar paz y renovación es esencial para mantener el equilibrio entre el cuidado personal y las demandas externas, reforzando su capacidad para manejar ambas esferas de su vida. La adopción de un enfoque estoico para la toma de decisiones, basado en la racionalidad y la alineación con los valores personales en lugar de en las emociones momentáneas, puede fortalecer la autonomía del hombre moderno y asegurar que sus acciones sean deliberadas y significativas. El cultivo de la resiliencia a través de la repetición consciente de mantras o afirmaciones que refuerzan la aceptación y el coraje frente a los desafíos puede equipar al hombre moderno con una mentalidad más fuerte y adaptable. Practicar la generosidad y la empatía no solo hacia otros, sino también hacia sí mismo, especialmente en momentos de dificultad, puede reforzar el sentido de control y bienestar del hombre moderno, equilibrando la autosuficiencia con un compasivo autocuidado. Cultivar la autenticidad en todas las interacciones, tanto personales como profesionales, es vital; esto implica expresar opiniones y sentimientos verdaderos con tacto y consideración, lo que refuerza la independencia emocional y el respeto propio. El hombre moderno se beneficia de establecer un ritual de planeación semanal, donde evalúa sus objetivos a corto y largo plazo y ajusta sus estrategias para alcanzarlos, una práctica que fortalece su sentido de control y dirección en la vida. Adoptar una mentalidad de flexibilidad frente a los cambios imprevistos permite al hombre moderno manejar las fluctuaciones de la vida con mayor facilidad, evitando el desgaste emocional y manteniendo su enfoque en lo que puede controlar. El desarrollo de habilidades de comunicación asertiva es esencial para negociar efectivamente en situaciones difíciles, asegurando que sus necesidades y límites sean respetados sin comprometer las relaciones importantes.

Implementar un enfoque de cuidado personal que incluya tiempo para la creatividad y la expresión personal ayuda a mantener la salud mental y emocional, proporcionando un necesario desahogo para las presiones y tensiones de la vida diaria. La práctica de reevaluar periódicamente las relaciones personales y profesionales, desprendiéndose de aquellas que ya no son beneficiosas, es una forma estoica de mantener la salud emocional y el equilibrio, lo que permite un mayor enfoque en las relaciones que verdaderamente enriquecen su vida. Fortalecer la capacidad para lidiar con la soledad de forma constructiva, viéndola como una oportunidad para el crecimiento personal y la auto reflexión, en lugar de un estado a evitar, puede incrementar significativamente su autonomía emocional. Aprender a reconocer y celebrar los pequeños logros diarios puede fomentar un sentido de progreso y satisfacción, evitando la desmotivación y reforzando la percepción de control sobre su propia vida y logros. Establecer un balance entre el deseo de autosuficiencia y la aceptación de ayuda es crucial; esto implica reconocer que el apoyo de otros puede ser una fortaleza y no una debilidad, ayudando a mantener un equilibrio saludable entre independencia e interdependencia. Cultivar la paciencia con uno mismo y con los procesos de la vida, entendiendo que no todo puede o debe ser resuelto inmediatamente, es una virtud estoica que puede liberar al hombre moderno de la ansiedad por el futuro y fomentar una mayor presencia y aprecio por el momento actual.

ÉTICA Y VIRTUD: EL HOMBRE ESTOICO EN EL MUNDO ACTUAL

El hombre estoico moderno se adhiere a un código de integridad personal que guía todas sus interacciones, creyendo firmemente que la honestidad y la transparencia son fundamentales para construir relaciones de confianza y respeto duraderas tanto en el ámbito personal como profesional. Practicar la justicia en todas sus formas es central para el hombre estoico; esto implica tratar a todos los individuos con equidad y sin prejuicios, promoviendo la igualdad y la inclusión en cada aspecto de su vida y trabajo. La fortaleza, una de las virtudes cardinales del estoicismo, se manifiesta en su capacidad para enfrentar adversidades con coraje y resiliencia, sin dejarse abrumar por las dificultades o retroceder ante los desafíos que la vida le presenta.

La templanza es otra virtud clave; el hombre estoico ejerce autocontrol y moderación en sus deseos y pasiones, entendiendo que el exceso puede llevar a la inestabilidad personal y comprometer su capacidad para tomar decisiones sabias. La virtud de la sabiduría se practica a través del aprendizaje continuo y la reflexión; el hombre estoico valora la educación y el conocimiento, no solo como medios para avanzar profesionalmente, sino también para desarrollar una comprensión más profunda del mundo y su lugar en él. El compromiso con el servicio comunitario y el bienestar colectivo refleja su entendimiento estoico de que la vida humana está intrínsecamente conectada y que fomentar el bien común contribuye a una sociedad más justa y armoniosa. En el ámbito profesional, él defiende la ética en las prácticas comerciales y las interacciones laborales, promoviendo ambientes de trabajo donde prevalezcan la equidad y la justicia, y donde se valore y respete la dignidad de cada persona. La autenticidad es esencial para su conducta; vive de acuerdo con sus principios sin comprometer su identidad o valores, incluso cuando enfrenta presiones sociales o culturales que podrían incitarlo a hacer lo contrario. La responsabilidad personal es una faceta importante de su vida; asume plena responsabilidad por sus acciones y sus consecuencias, utilizando sus errores como oportunidades para aprender y crecer, en lugar de eludir la culpa o responsabilizar a otros.

Promueve la paz y la reconciliación en su entorno, actuando como mediador en conflictos y buscando soluciones que beneficien a todas las partes involucradas, reflejando su compromiso con la armonía y el entendimiento mutuo como pilares de su filosofía de vida. El hombre estoico moderno fomenta la práctica de la empatía, entendiendo que comprender y compartir los sentimientos de otros es crucial para cultivar relaciones humanas profundas y significativas, alineándose con su compromiso con la justicia y el respeto mutuo. Se esfuerza por mantener un equilibrio entre su vida laboral y personal, demostrando la virtud estoica de la templanza; entiende que el exceso en cualquiera de estas áreas puede desestabilizar otras partes de su vida, comprometiendo su bienestar general y su eficacia. Practica activamente la paciencia en situaciones de estrés y provocación, una aplicación de la virtud estoica de la fortaleza que le permite manejar conflictos y desafíos con una mente clara y un corazón tranquilo, asegurando que sus reacciones siempre estén meditadas y sean apropiadas. En su compromiso con la comunidad, el hombre estoico adopta roles de liderazgo en iniciativas que promueven la sostenibilidad y la responsabilidad social, aplicando sus principios éticos para influir positivamente en su entorno y fomentar cambios constructivos. Aborda las decisiones financieras con un fuerte sentido de integridad, rechazando oportunidades que podrían comprometer sus principios éticos, incluso si ofrecen ganancias sustanciales, priorizando la coherencia moral sobre el beneficio económico.

El hombre estoico se dedica a practicar la honestidad en todos sus discursos y acciones, reconociendo que la verdad es fundamental para construir y mantener la confianza en todas sus relaciones, tanto personales como profesionales. Mantiene un enfoque consciente sobre cómo sus acciones afectan a los demás, una manifestación de su comprensión estoica de que todas las acciones tienen consecuencias que se extienden más allá de su inmediata percepción. Se esfuerza por ser un ejemplo de virtud y ética para los demás, especialmente en posiciones de autoridad o influencia, entendiendo que su conducta puede inspirar y motivar a otros a adoptar prácticas justas y compasivas. Valora y respeta las diferencias individuales, aplicando su entendimiento estoico de que la diversidad enriquece la experiencia humana, y que cada persona tiene algo valioso que ofrecer al mundo. Se esfuerza por dejar un legado de integridad y virtud, trabajando no solo para mejorar su propia vida, sino también para influir positivamente en su comunidad y en el mundo, dejando un impacto duradero que refleje sus principios estoicos. El hombre estoico se compromete a fomentar la equidad en todos los ámbitos de su vida, luchando activamente contra las injusticias y desigualdades que observa, utilizando su influencia para promover políticas y prácticas que apoyen la equidad de género y social. Practica la autenticidad al expresar sus opiniones y creencias, incluso cuando no son populares, manteniendo su integridad personal en situaciones donde podría ser más fácil conformarse con la mayoría o evitar conflictos. El hombre estoico utiliza la sabiduría estoica para navegar los dilemas éticos en su carrera profesional, siempre buscando el curso de acción que no solo beneficie su desarrollo profesional, sino que también promueva el bienestar colectivo.

Se dedica a una vida de aprendizaje continuo, no solo en su campo profesional, sino también en la ética y la filosofía, creyendo que una comprensión más profunda de diversas perspectivas enriquece su capacidad de tomar decisiones bien informadas y moralmente sólidas. Cultiva la compasión no solo como una emoción, sino como una práctica activa que guía sus interacciones con los demás, entendiendo que actuar con bondad y empatía es fundamental para vivir una vida verdaderamente estoica y virtuosa. Se esfuerza por ser un líder que sirve, adoptando un enfoque de liderazgo que prioriza el bienestar y el desarrollo de sus compañeros y subordinados sobre los beneficios personales o el avance profesional exclusivo. Enfrenta sus propios errores y limitaciones con un espíritu de humildad y apertura al cambio, dispuesto a admitir cuando está equivocado y a aprender de esas experiencias para mejorar como persona y como profesional. Promueve un ambiente de trabajo y social que valore la transparencia y la honestidad, creando espacios donde las personas se sientan seguras para expresar sus ideas y preocupaciones sin temor a represalias o juicio. Aplica principios de vida sostenible en su rutina diaria, consciente de que su comportamiento tiene impactos más allá de su entorno inmediato, y se esfuerza por tomar decisiones que reflejen un compromiso con la conservación del medio ambiente y los recursos. Se compromete a actuar siempre con una conciencia clara, buscando alinearse con lo que considera éticamente correcto y justo, sin dejarse llevar por conveniencias temporales o presiones externas que podrían desviarlo de su camino estoico.

El hombre estoico asume la responsabilidad de cultivar un entorno en el que se alienten y respeten la honestidad y la integridad, convirtiéndose en modelo a seguir y mentor para aquellos que buscan una guía ética en su vida personal y profesional. Se dedica a mejorar la comunicación dentro de su círculo de influencia, valorando la claridad y la apertura como medios para prevenir malentendidos y fomentar relaciones más auténticas y transparentes. En su búsqueda de la virtud, se esfuerza por equilibrar la empatía y el pragmatismo, asegurándose de que sus decisiones consideren tanto el bienestar emocional de los involucrados como la efectividad práctica de sus acciones. Practica la moderación en sus expresiones de emociones y opiniones, sabiendo que el autocontrol no solo es una señal de fortaleza interna, sino también una forma de mantener la dignidad y el respeto en todas las situaciones. El hombre estoico busca resolver conflictos a través del diálogo y la mediación en lugar de la confrontación, aplicando principios de justicia y equidad para guiar estas discusiones hacia resoluciones pacíficas y constructivas. Se compromete a ser una fuente de apoyo constante para sus colegas y amigos, ofreciendo orientación y consejo basados en principios éticos sólidos, y fomentando un ambiente de mutuo respeto y ayuda. Refuerza su autonomía asegurándose de que sus acciones y elecciones estén alineadas con su sistema de valores personal, una clave estoica para vivir una vida coherente y satisfactoria. Desarrolla y mantiene la disciplina personal necesaria para rechazar tentaciones que puedan llevarlo a comprometer sus principios éticos, incluso cuando enfrenta presiones sociales o económicas.

Promueve activamente la igualdad y la justicia en todas sus formas, participando en y apoyando causas que trabajan hacia la erradicación de la discriminación y el fomento de la igualdad de oportunidades para todos. Busca continuamente la sabiduría en sus decisiones, reflexionando sobre las lecciones aprendidas de los antiguos estoicos y aplicándolas a los desafíos contemporáneos, asegurándose de que su camino esté siempre guiado por un deseo de crecimiento y mejora personal y comunitaria. El hombre estoico se esfuerza por mantener una perspectiva global, consciente de que sus acciones tienen repercusiones más allá de su entorno inmediato, lo que lo lleva a considerar el impacto global de sus decisiones, desde el consumo ético hasta el compromiso cívico. Implementa la autenticidad no solo como un acto de expresión personal, sino como un compromiso con la verdad en todas sus formas, evitando la manipulación de información y fomentando una cultura de transparencia y honestidad en cada esfera de influencia. Se compromete con el aprendizaje y la adaptación continua como fundamentos de su crecimiento personal y profesional, entendiendo que la sabiduría estoica y la virtud requieren un compromiso con el automejoramiento constante y la receptividad a nuevas ideas. Practica la generosidad no solo en términos materiales, sino también en ofrecer su tiempo y atención a quienes lo necesitan, entendiendo que la verdadera riqueza estoica reside en la capacidad de contribuir al bienestar de los demás. Aborda el liderazgo no como una búsqueda de poder, sino como una oportunidad para servir y guiar a otros hacia mejores prácticas y decisiones éticas, modelando virtudes estoicas como la justicia, la templanza y la fortaleza.

Enfrenta las adversidades con una mezcla de coraje y serenidad, aplicando la resiliencia estoica para superar los desafíos sin perder la compostura o comprometer sus principios éticos, manteniendo siempre un enfoque en soluciones justas y equitativas. Alienta el diálogo intercultural e intergeneracional como medios para enriquecer su comprensión del mundo y fortalecer su capacidad para actuar éticamente en un contexto globalizado y diverso. Mantiene un enfoque consciente en la sostenibilidad ambiental, integrando consideraciones ecológicas en sus decisiones diarias y promoviendo prácticas que respeten y preserven el entorno natural como una extensión de su compromiso estoico con la justicia y la responsabilidad. Cultiva la paciencia y la comprensión en todas sus relaciones, sabiendo que el respeto y la consideración mutuos son esenciales para fomentar ambientes donde puedan prosperar la ética y la virtud. Se esfuerza por ser un ejemplo de cómo la filosofía estoica puede aplicarse en el mundo moderno, demostrando que es posible vivir una vida de compromiso ético y personal satisfacción a pesar de las presiones y tentaciones de la sociedad contemporánea. El hombre estoico enfatiza la importancia de actuar con humildad y consideración, reconociendo que el verdadero liderazgo y la influencia ética se construyen sobre el respeto y la empatía hacia todos, independientemente de su estatus o posición. Practica la introspección regular para asegurarse de que sus motivaciones y acciones no solo cumplan con las expectativas externas, sino que también estén alineadas con sus valores internos, una clave para vivir una vida virtuosa y auténtica.

Se dedica a fomentar la honestidad en su entorno, promoviendo un clima donde la verdad es valorada y los engaños son desalentados, contribuyendo a una comunidad más ética y transparente. Aprovecha la enseñanza estoica de ver las dificultades como oportunidades para la práctica de la virtud, utilizando los retos diarios para fortalecer su carácter y su resiliencia, manteniendo una perspectiva positiva y constructiva. Mantiene un compromiso con el equilibrio emocional, gestionando sus reacciones y emociones de manera que reflejen madurez y profundidad de comprensión, lo que le permite tomar decisiones éticas incluso bajo presión. Adopta un enfoque de vida que prioriza la cooperación sobre la competencia, entendiendo que el verdadero éxito estoico se mide por la calidad de las relaciones y la capacidad de contribuir al bienestar común. Fomenta la responsabilidad personal y la rendición de cuentas, no solo en sí mismo sino también en aquellos a su alrededor, promoviendo una cultura donde los errores son aceptados como parte del proceso de aprendizaje y mejora. Se esfuerza por ser un modelo a seguir en cuanto a la integridad profesional y personal, mostrando que es posible alcanzar objetivos sin comprometer principios éticos, inspirando a otros a seguir su ejemplo. Practica la deliberación cuidadosa antes de tomar decisiones importantes, ponderando los posibles impactos y consecuencias para asegurarse de que sus elecciones sean justas y beneficien a la mayoría. Continúa su educación en ética y filosofía para profundizar su comprensión y aplicación de las virtudes estoicas, manteniendo su relevancia y efectividad en un mundo en constante cambio.

Se esfuerza por ser proactivo en lugar de reactivo, aplicando principios estoicos para anticipar y abordar problemas antes de que surjan, lo que le permite manejar situaciones con un enfoque meditado y ético. Desarrolla la capacidad de escuchar activamente, no solo para entender mejor a los demás, sino también para fomentar relaciones basadas en el respeto mutuo y el entendimiento genuino, pilares clave de la ética interpersonal. Emplea la discreción estoica al compartir información, siendo consciente de cómo y cuándo divulgar detalles personales o sensibles, protegiendo tanto su privacidad como la de otros, y manteniendo la confianza en sus relaciones. Practica la generosidad de espíritu, ofreciendo apoyo y aliento a aquellos que lo necesitan, lo que refleja su compromiso con la virtud de la beneficencia y fortalece su comunidad. Se mantiene firme en sus convicciones éticas incluso cuando enfrenta presiones sociales o profesionales para comprometerlas, demostrando la fortaleza de carácter y la independencia de pensamiento que son centrales para la filosofía estoica. Adopta una actitud de gratitud por las experiencias y recursos disponibles, cultivando un sentido de contentamiento que trasciende las circunstancias externas y fomenta un bienestar duradero. Se compromete a una evaluación constante y honesta de su propia conducta y las motivaciones detrás de sus acciones, asegurándose de que vive de manera coherente con sus principios éticos. Promueve el respeto por la diversidad de opiniones y estilos de vida, practicando la tolerancia y el respeto como fundamentos de una convivencia armoniosa y ética en una sociedad plural. Asume la responsabilidad de sus errores y busca activamente rectificar cualquier daño causado, una práctica estoica que fortalece su integridad y fomenta un entorno de honestidad y redención.

Se dedica a la práctica de la autocompasión, entendiendo que ser gentil consigo mismo y reconocer sus propios límites y necesidades son esenciales para mantener su capacidad de vivir virtuosamente y cuidar de otros. El hombre estoico prioriza el desarrollo de una mentalidad de crecimiento, considerando cada desafío como una oportunidad para aprender y fortalecer su carácter, en línea con la virtud estoica de ver la adversidad como un maestro. Se compromete a vivir con sencillez y minimalismo, reduciendo su consumo y enfocándose en lo esencial, lo que refleja su respeto por los recursos y su deseo de vivir de manera sostenible y éticamente responsable. Practica la equidad en todas sus decisiones, buscando siempre el balance justo entre sus necesidades y las de los demás, aplicando la justicia estoica en su vida personal y profesional para fomentar relaciones equitativas. Mantiene un enfoque consciente en la calidad de sus palabras y acciones, asegurándose de que cada contribución tenga un propósito y refleje sus altos estándares éticos, una extensión de la virtud estoica del autocontrol y la deliberación. Promueve activamente la comprensión y la paz dentro de su comunidad, utilizando su influencia para mediar y resolver conflictos, aplicando su sabiduría estoica para guiar a otros hacia resoluciones armoniosas. Busca regularmente el consejo de mentores y colegas sabios, valorando el conocimiento y la experiencia que pueden ofrecerle, en consonancia con la práctica estoica de aprender de los que han recorrido caminos similares antes que él. Practica la humildad, reconociendo que siempre hay más que aprender y formas en que puede mejorar, un aspecto crucial de la virtud estoica que lo mantiene abierto y accesible a nuevas ideas y críticas constructivas.

Se esfuerza por ser un faro de inspiración y guía ética para los jóvenes, compartiendo su conocimiento y experiencia para fomentar la próxima generación de líderes virtuosos y éticamente conscientes. Evalúa las implicaciones éticas de sus decisiones financieras, eligiendo inversiones y compras que no solo sean beneficiosas económicamente, sino que también alineen con sus principios morales y contribuyan positivamente a la sociedad. Dedica tiempo a la reflexión personal y al autoexamen, no solo para evaluar sus logros, sino también para considerar cómo sus acciones afectan a otros y al mundo en general, asegurando que su vida refleje sus valores estoicos más profundos. Fomenta la integridad en todos los ámbitos de su vida, asegurándose de que sus acciones no solo cumplan con las normas sociales, sino que también sean coherentes con sus principios éticos personales, una práctica que refuerza su reputación y confiabilidad. El hombre estoico se compromete a actuar con compasión hacia aquellos en situaciones de desventaja, entendiendo que la verdadera virtud incluye el deber de ayudar a los menos afortunados, lo cual fortalece su conexión con la humanidad compartida. Practica la disciplina de la mente y del cuerpo como una forma de honrar su compromiso con la autosuficiencia y el autocontrol, pilares estoicos que le permiten enfrentar con gracia los retos de la vida moderna. Asume un rol activo en la promoción de la justicia social, utilizando su influencia para abogar por cambios en políticas y prácticas que apoyen la equidad y los derechos humanos, demostrando su compromiso con la virtud estoica de la justicia.

Cultiva la resiliencia emocional, entendiendo que la capacidad para manejar las emociones de manera efectiva es crucial para mantener su autonomía y su habilidad para tomar decisiones éticas en situaciones complejas. Se esfuerza por mantener un equilibrio saludable entre la reflexión y la acción, evitando la parálisis por análisis y asegurándose de que sus decisiones y acciones reflejen sus valores y su lógica interna. Promueve el diálogo y el entendimiento entre diferentes culturas y perspectivas, creando puentes de comunicación que faciliten la coexistencia pacífica y el respeto mutuo, en línea con la virtud estoica de la cosmopolitismo. Evalúa las consecuencias a largo plazo de sus decisiones, no solo en su vida personal sino también en el impacto ambiental y social, guiado por una visión estoica que reconoce la interconexión de todas las cosas. Dedica tiempo a cultivar su vida interior a través de la meditación, la lectura y la contemplación, fortaleciendo su compromiso con una vida de principios y proporcionándole una fuente de serenidad y estabilidad interna. Se esfuerza por ser un ejemplo de cómo vivir virtuosamente en un mundo moderno, mostrando que es posible adherirse a principios éticos antiguos mientras se navega con éxito por los desafíos y oportunidades de la contemporaneidad. Se dedica a un análisis crítico de sus propias acciones, asegurándose de que estas no solo sean efectivas, sino también justas y beneficiosas para la comunidad en general, aplicando un escrutinio ético riguroso que refleja su compromiso con el bien mayor. Adopta una postura de liderazgo en cuestiones éticas dentro de su esfera de influencia, proponiendo iniciativas y políticas que fomenten prácticas justas y sostenibles en su lugar de trabajo y más allá, demostrando cómo la acción individual puede catalizar cambios significativos.

Fomenta una cultura de respeto y dignidad en todas las interacciones, rechazando cualquier forma de discriminación o injusticia, y alentando a otros a hacer lo mismo, lo que refuerza su compromiso estoico con la equidad y la moralidad. Se esfuerza por mantener su paz interior frente a la adversidad, utilizando técnicas de mindfulness y contemplación para gestionar las respuestas emocionales y mantener una actitud serena y racional, una clave para la toma de decisiones éticas. Practica la hospitalidad y la apertura hacia nuevas ideas y personas, reconociendo que el enriquecimiento personal a menudo proviene de la exposición a diferentes puntos de vista y culturas, enriqueciendo su comprensión y aplicación de la virtud. Prioriza la autenticidad sobre la conveniencia en sus decisiones, eligiendo caminos que reflejen sus valores, incluso cuando esto implique desafíos o dificultades adicionales, mostrando un compromiso estoico con la vida según principios. Asume un enfoque reflexivo y meditado antes de hablar o actuar, considerando cuidadosamente las posibles repercusiones de sus palabras y acciones, para asegurarse de que estas contribuyan positivamente al bienestar de los demás. Cultiva la integridad financiera, manejando sus asuntos económicos de manera transparente y responsable, y tomando decisiones de inversión que no solo busquen ganancias, sino que también consideren el impacto ético y social. Mantiene un compromiso con el aprendizaje constante sobre cuestiones éticas y virtudes, participando en debates, leyendo literatura relevante y asistiendo a talleres que fortalezcan su comprensión y práctica de estos principios fundamentales. Finalmente, busca inspirar y empoderar a otros hombres a vivir según los principios estoicos, compartiendo sus experiencias y sabiduría, y creando una red de apoyo que fomente la ética y la virtud en múltiples generaciones y contextos.

LIDERAZGO MASCULINO CON SABIDURÍA ESTOICA

El hombre líder estoico basa su liderazgo en el principio de la sabiduría práctica, entendiendo que tomar decisiones efectivas requiere no solo conocimientos técnicos, sino también una profunda comprensión de las complejidades humanas y situacionales. Cultiva la resiliencia, una virtud clave en el estoicismo, que le permite enfrentar retos y adversidades en el ámbito laboral sin perder el enfoque o la compostura, manteniendo un liderazgo efectivo incluso bajo presión. Se esfuerza por ser un ejemplo de integridad y coherencia, demostrando que el verdadero liderazgo se basa en vivir de acuerdo con los valores que promueve, lo cual inspira respeto y confianza entre sus colegas y subordinados.

Practica la comunicación abierta y honesta, valorando la transparencia como un medio para construir relaciones auténticas y duraderas dentro de su equipo, fomentando un ambiente de trabajo donde se valora la verdad y la claridad. Se dedica a fomentar el desarrollo de su equipo, reconociendo que parte de su rol como líder es servir y apoyar a otros en su crecimiento personal y profesional, un reflejo de la filosofía estoica de mejoramiento mutuo. Implementa la moderación en su toma de decisiones, evitando extremos tanto en la gestión como en las respuestas emocionales, lo que ayuda a crear un ambiente equilibrado y productivo donde todos los miembros del equipo pueden prosperar. Enfoca su liderazgo no solo en lograr objetivos, sino en cómo se alcanzan estos objetivos, enfatizando la importancia de los procesos éticos y sostenibles que respeten tanto a las personas involucradas como el medio ambiente. Alienta a su equipo a enfrentar y discutir sus desafíos de manera abierta, promoviendo un diálogo que permita encontrar soluciones conjuntas y fortalecer la cohesión grupal, subrayando la enseñanza estoica de que los obstáculos son oportunidades para aprender. Mantiene un enfoque equilibrado entre el cuidado personal y sus responsabilidades profesionales, demostrando que un liderazgo efectivo también incluye cuidar de su bienestar, lo cual es esencial para mantener una perspectiva clara y un desempeño sostenido.

Busca constantemente oportunidades para reflexionar sobre su desempeño y el de su equipo, utilizando estos momentos de introspección para evaluar y ajustar estrategias, asegurando que su liderazgo continúe evolucionando y respondiendo a las necesidades cambiantes de su entorno. Practica la autorreflexión constante para asegurar que sus acciones y decisiones no solo cumplan los objetivos organizacionales, sino que también se alineen con un marco ético, mostrando cómo la sabiduría estoica puede ser aplicada para resolver dilemas morales en el liderazgo. Desarrolla la habilidad de mantener la objetividad en situaciones complejas, evitando que las emociones personales nublen su juicio, lo que lo capacita para tomar decisiones imparciales y justas, clave para un liderazgo eficaz y respetado. Encarna la virtud estoica de la justicia en su rol de liderazgo, esforzándose por entender y atender las necesidades de todos los miembros de su equipo, promoviendo un entorno laboral inclusivo y equitativo. Utiliza la sabiduría estoica para gestionar las expectativas, tanto las propias como las de su equipo, estableciendo objetivos realistas y comunicándolos claramente, lo que ayuda a evitar desilusiones y a mantener la motivación del equipo. Se compromete a liderar con empatía, entendiendo y valorando las circunstancias y perspectivas de cada individuo dentro de su equipo, lo que fortalece las relaciones y mejora la dinámica de grupo. Fomenta una cultura de aprendizaje continuo dentro de su equipo, inspirando a sus miembros a buscar el crecimiento personal y profesional mediante la exploración de nuevos desafíos y la expansión de sus habilidades y conocimientos.

Adopta una actitud de flexibilidad y adaptabilidad, características estoicas que le permiten responder efectivamente a los cambios del mercado y las dinámicas internas, asegurando que su liderazgo permanezca relevante y efectivo. Promueve la resolución de conflictos mediante la razón y el compromiso mutuo, aplicando principios estoicos para encontrar soluciones que beneficien a todas las partes involucradas y mantengan la armonía del equipo. Implementa prácticas de feedback constructivo, utilizando críticas y sugerencias para mejorar tanto su desempeño como el de sus colegas, una práctica que refleja la búsqueda estoica de la verdad y el mejoramiento continuo. Se esfuerza por ser un modelo de liderazgo sostenible, demostrando cómo se pueden alcanzar metas ambiciosas sin sacrificar el bienestar personal ni comprometer los principios éticos, alineando su gestión con la sabiduría estoica de vivir conforme a la naturaleza. El hombre líder estoico mantiene una visión a largo plazo en todas sus decisiones, priorizando la sostenibilidad y el bienestar a largo plazo sobre ganancias o éxitos inmediatos, reflejando el principio estoico de que las verdaderas recompensas requieren paciencia y perseverancia. Practica y promueve la autenticidad en el liderazgo, asegurándose de que sus palabras y acciones sean consistentes, lo que no solo fortalece su credibilidad, sino que también establece un estándar de honestidad y transparencia en su equipo. Cultiva la ecuanimidad frente a los éxitos y fracasos, tratando ambos con igual serenidad y utilizando cada experiencia como una oportunidad para aprender y mejorar, en línea con la enseñanza estoica de que el valor no está en los eventos externos, sino en nuestras respuestas a ellos.

Alienta a su equipo a adoptar una mentalidad de resiliencia, preparándolos para enfrentar desafíos y cambios con una actitud positiva y proactiva, asegurando así que puedan funcionar eficazmente bajo presión y adaptarse a nuevas situaciones. Implementa la moderación en la gestión de recursos, evitando el despilfarro y fomentando una cultura de eficiencia que maximiza los resultados sin comprometer la calidad o el bienestar del equipo. Prioriza el desarrollo del autocontrol y la disciplina personal, no solo como líder sino también instándolo en su equipo, entendiendo que estas cualidades son esenciales para el éxito sostenido y la integridad en todos los aspectos de la vida. Fomenta una cultura de igualdad y justicia en su lugar de trabajo, asegurando que todas las decisiones y políticas sean justas y consideren el bienestar de todos los empleados, independientemente de su posición o antecedentes. Muestra coraje moral al enfrentar dilemas éticos, eligiendo hacer lo correcto incluso cuando no es la opción más fácil o popular, demostrando su compromiso con los valores estoicos en cada aspecto de su liderazgo. Se esfuerza por ser un líder compasivo, equilibrando la exigencia de resultados con una genuina preocupación por las necesidades y el bienestar de su equipo, creando un ambiente donde los empleados se sientan valorados y apoyados. Se dedica a ser un ejemplo de constante auto mejoramiento y humildad, mostrando que incluso en posiciones de poder, el aprendizaje nunca se detiene y siempre hay espacio para crecer y mejorar.

El hombre líder estoico adopta la práctica de la reflexión estratégica, dedicando tiempo regular para evaluar no solo los resultados de su equipo, sino también los métodos y procesos, asegurando que estos reflejen principios de honestidad y eficiencia. Promueve un ambiente donde se valora la iniciativa personal y la responsabilidad, animando a sus miembros de equipo a tomar decisiones informadas y asumir responsabilidad por sus acciones, lo cual es fundamental para el desarrollo de la confianza y la autonomía. Implementa técnicas de manejo de conflictos que enfatizan la resolución colaborativa y el entendimiento mutuo, mostrando cómo los principios estoicos de control y razón pueden ser aplicados para obtener resultados constructivos y duraderos. Fomenta la capacidad de adaptación al cambio, preparando a su equipo para responder con flexibilidad a las fluctuaciones del mercado y las innovaciones tecnológicas, garantizando que permanezcan competitivos y relevantes. Practica y enseña la importancia de la perspectiva en la toma de decisiones, considerando los efectos a largo plazo y las implicaciones más amplias de las acciones del equipo, reflejando la visión estoica de la interconexión y la responsabilidad. Establece un ejemplo de equilibrio entre firmeza y amabilidad, mostrando que un liderazgo efectivo no requiere rigidez, sino que puede ser flexible y humano, lo cual fortalece las relaciones y mejora la moral del equipo. Alienta a su equipo a practicar el autoexamen y la autocrítica constructiva, herramientas estoicas para el crecimiento personal y profesional, fomentando un ambiente donde la mejora continua es una prioridad compartida. Aborda la gestión del estrés no solo como un desafío personal sino como una prioridad de liderazgo, proporcionando recursos y estrategias para ayudar a su equipo a manejar el estrés de manera efectiva y mantener un rendimiento óptimo.

Enseña la importancia de la objetividad en la evaluación del desempeño, utilizando criterios claros y justos que aseguren que todos los miembros del equipo sean valorados equitativamente basándose en sus méritos y contribuciones. Trabaja para inspirar lealtad y compromiso no a través de la autoridad o el poder, sino a través del respeto y la admiración, construyendo relaciones basadas en el respeto mutuo y la confianza, pilares de un liderazgo estoico efectivo. El hombre líder estoico valoriza la serenidad en el liderazgo, mostrando que la tranquilidad interna se puede traducir en una gestión más efectiva, ayudando a su equipo a navegar por las crisis con calma y decisión. Implementa un enfoque proactivo hacia el bienestar mental de su equipo, entendiendo que el equilibrio emocional es fundamental para mantener la productividad y la creatividad en el lugar de trabajo. Se enfoca en construir y mantener la credibilidad a través de acciones consistentes y éticas, demostrando que la confianza se gana con el tiempo y debe ser el fundamento de cualquier relación profesional duradera. Fomenta una cultura de respeto mutuo y aprecio por la diversidad, utilizando su influencia para promover un entorno inclusivo donde todos se sientan valorados y parte de un todo cohesivo. Practica la discreción y la prudencia en todas sus comunicaciones y decisiones, entendiendo que la sabiduría estoica a menudo requiere pensar antes de hablar y actuar considerando las consecuencias a largo plazo. Desarrolla la capacidad de su equipo para enfrentar la incertidumbre con una mentalidad estoica, equipándolos con herramientas para mantener la estabilidad emocional y la claridad de pensamiento bajo presión.

Promueve el desarrollo de una ética laboral sólida que priorice la calidad y el esfuerzo sostenido, reforzando la importancia de la diligencia y la perseverancia como valores clave en su liderazgo. Se asegura de que su liderazgo no solo sea efectivo, sino también justo y ético, evaluando regularmente sus propias acciones y las de su equipo para asegurar que estén alineadas con los más altos estándares morales. Inspira a su equipo a adoptar un enfoque filosófico hacia los problemas y desafíos, estimulando un pensamiento profundo y considerado que va más allá de soluciones rápidas y superficiales. Continúa su propia educación y desarrollo personal, reconociendo que un líder nunca deja de aprender y que la sabiduría estoica es un viaje continuo de automejora y reflexión. El líder estoico abraza el concepto de autonomía en el liderazgo, empoderando a los miembros de su equipo para tomar decisiones independientes basadas en un marco de principios éticos, lo que fomenta un sentido de responsabilidad y compromiso con el trabajo. Prioriza el mantenimiento de una perspectiva global sobre los desafíos locales, inculcando a su equipo la importancia de considerar los impactos más amplios de sus proyectos, desde repercusiones sociales hasta consideraciones ambientales. Se esfuerza por equilibrar compasión y disciplina, entendiendo que el liderazgo efectivo requiere tanto firmeza como sensibilidad hacia las circunstancias individuales de los miembros del equipo. Promueve la importancia de la autenticidad en la interacción con colegas y subordinados, demostrando que ser fiel a uno mismo fomenta un entorno laboral más abierto y honesto.

Se compromete a actuar con un sentido de justicia distributiva, asegurándose de que los recursos, reconocimientos y oportunidades se distribuyan de manera justa y equitativa entre todos los miembros del equipo. Adopta un enfoque reflexivo ante el fracaso, enseñando a su equipo que cada contratiempo es una oportunidad para aprender y crecer, y que la perseverancia es más valiosa que el éxito inmediato. Utiliza su influencia para abogar por políticas y prácticas sostenibles dentro de la organización, liderando por ejemplo en la promoción de decisiones que beneficien a la sociedad en general y al planeta. Fomenta la habilidad de adaptación rápida entre sus colaboradores, preparándolos para responder con agilidad a los cambios en el mercado y dentro de la industria, una habilidad crítica en el entorno empresarial moderno. Cultiva un ambiente donde se valora el pensamiento crítico y la resolución ética de problemas, desafiando a su equipo a pensar más allá de soluciones convencionales y considerar el impacto ético de sus acciones. Alienta la confianza en sí mismos entre sus miembros del equipo, mostrándoles que la autoconfianza basada en la competencia y la preparación es fundamental para el liderazgo personal y profesional. El líder estoico valora la consistencia en su enfoque, demostrando que la coherencia entre palabras y acciones establece un poderoso precedente de integridad y confiabilidad que inspira a otros a seguir su ejemplo. Implementa una práctica de revisión y ajuste de metas organizacionales con regularidad, asegurándose de que estos objetivos sigan siendo relevantes y alineados con los principios éticos de la organización, reflejando la adaptabilidad y la previsión estoicas.

Fomenta un ambiente de respeto absoluto hacia las diferencias individuales, promoviendo la inclusión y el diálogo abierto como medios para enriquecer el entorno laboral y mejorar la toma de decisiones colectiva. Se esfuerza por ser transparente en sus comunicaciones y decisiones, entendiendo que la claridad fortalece la confianza y la seguridad dentro de su equipo, elementos cruciales para un liderazgo efectivo y respetado. Inculca la importancia de la autoevaluación entre los miembros de su equipo, animándolos a reflexionar sobre sus propias prácticas y comportamientos para fomentar un entorno de mejora continua y aprendizaje personal. Demuestra cómo la paciencia y la consideración son vitales en el liderazgo, enseñando que tomar el tiempo necesario para evaluar situaciones complejas puede llevar a decisiones más sabias y consideradas. Promueve el liderazgo colaborativo, trabajando codo a codo con otros líderes y miembros del equipo para combinar fortalezas y compensar debilidades, un reflejo del compromiso estoico con la cooperación y el apoyo mutuo. Aplica principios de sostenibilidad no solo a políticas ambientales, sino también a la sostenibilidad de las relaciones y la cultura organizacional, asegurando que el entorno de trabajo sea saludable y vigorizante a largo plazo. Alienta la discreción y el juicio reflexivo al tratar información sensible, cultivando un entorno donde la información se maneje con el máximo cuidado y respeto por la privacidad y las implicaciones éticas. Continúa su compromiso personal con el crecimiento ético y profesional, participando activamente en conferencias, seminarios y otros eventos educativos que le permitan mantenerse al día con las últimas tendencias y teorías en liderazgo ético.

El líder estoico enseña y valora la autosuficiencia, motivando a su equipo a desarrollar habilidades que les permitan operar de manera independiente, fomentando un entorno donde la autonomía y la confianza en uno mismo sean prioritarias. Establece metas que no solo son desafiantes, sino también éticamente sonoras y alineadas con los valores tanto de la organización como de los individuos dentro de ella, demostrando que el éxito profesional no necesita comprometer los principios personales. Refuerza la importancia de la reflexión moral en la toma de decisiones, creando espacios regulares para discutir y ponderar las implicaciones éticas de las acciones corporativas, lo que ayuda a mantener un curso consciente y deliberado. Practica y promueve la empatía estratégica, entendiendo y anticipando las necesidades y respuestas emocionales de su equipo y contrapartes, lo que mejora la comunicación y la eficacia del liderazgo en situaciones complejas. Adopta un enfoque de 'liderazgo servicial', poniendo las necesidades de su equipo y de los grupos de interés primero, asegurándose de que sus acciones sirvan a los intereses de los demás tan eficazmente como a los propios objetivos de la organización. Cultiva una mentalidad de "aprendizaje de toda la vida", no solo en términos profesionales, sino también en desarrollo personal y ético, mostrando un compromiso continuo con el crecimiento que inspira a su equipo a hacer lo mismo. Alienta a su equipo a abordar los conflictos de manera constructiva, utilizando desacuerdos como oportunidades para explorar nuevas ideas y fortalecer las relaciones en lugar de permitir que causen división o descontento.

Implementa prácticas de equidad y justicia en la evaluación del rendimiento y la distribución de recompensas, asegurando que todos los miembros del equipo sean reconocidos justamente por sus contribuciones. Enseña la importancia de la moderación y el control de impulsos, especialmente en situaciones de alta presión, ayudando a su equipo a responder a los desafíos con pensamiento claro y acciones calculadas. Promueve un entorno donde la honestidad y la apertura son la norma, estableciendo un clima de confianza y seguridad que permite a todos los miembros del equipo expresar sus opiniones y preocupaciones sin temor. Se enfoca en construir una cultura de responsabilidad personal, donde cada miembro del equipo sienta la importancia de su papel y se motive a actuar con integridad y diligencia, fomentando un entorno de trabajo donde la confianza es mutua y la responsabilidad es compartida. Demuestra una paciencia excepcional en el desarrollo de talentos dentro de su organización, invirtiendo tiempo y recursos en programas de mentoría que ayudan a los empleados a alcanzar su máximo potencial de acuerdo con principios estoicos de crecimiento y mejoramiento personal. Establece límites claros y justos, tanto para sí mismo como para su equipo, enseñando que el respeto por estos límites es crucial para mantener una vida laboral y personal balanceada, reflejando la virtud estoica de la templanza. Se asegura de que su liderazgo no solo se juzgue por los logros tangibles, sino también por cómo esos logros se alinean con los valores éticos de la organización, reforzando la idea estoica de que el "cómo" importa tanto como el "qué".

Promueve la resistencia a la gratificación instantánea en favor de metas a largo plazo, modelando y enseñando la importancia de la visión futura y el sacrificio presente para el éxito duradero, un principio clave en el estoicismo. Incentiva la autonomía de decisión dentro de su equipo, proporcionando el soporte necesario para que los empleados tomen decisiones informadas y éticas sin supervisión constante, empoderándolos para actuar de manera independiente y responsable. Mantiene un diálogo abierto sobre los errores y los ve como oportunidades esenciales para el aprendizaje colectivo e individual, animando a su equipo a compartir y analizar fallos en un entorno no punitivo que valora la honestidad y el crecimiento. Fomenta la integridad al tratar proveedores, clientes y competidores con el mismo nivel de respeto y justicia que espera dentro de su equipo, extendiendo su liderazgo ético más allá de las paredes de su organización. Refuerza constantemente la importancia de la salud mental y física, proporcionando recursos y apoyo para que su equipo maneje el estrés y mantenga un bienestar general, entendiendo que un equipo saludable es más productivo y comprometido. Continúa su desarrollo personal en filosofía estoica y otras áreas relacionadas, utilizando estas enseñanzas para enriquecer su liderazgo y proporcionar una base sólida para decisiones éticas y efectivas en todos los niveles. Practica la equidad en todas sus interacciones laborales, asegurándose de que cada decisión refleje un compromiso con la igualdad y la imparcialidad, crucial para mantener la moral y la confianza del equipo. Enfoca sus esfuerzos de liderazgo en el desarrollo de una visión compartida, trabajando con su equipo para establecer metas que resuenen con todos los miembros, promoviendo un sentido de propiedad y compromiso colectivo.

Se compromete a mantener una comunicación constante y efectiva, asegurándose de que todos los miembros del equipo estén bien informados sobre las decisiones y los cambios, lo que facilita un entorno de trabajo transparente y colaborativo. Valora y promueve la discreción y el juicio sabio, educando a su equipo sobre la importancia de pensar antes de actuar y de considerar todas las consecuencias posibles de sus acciones en el contexto más amplio. Trabaja para ser percibido no solo como un líder, sino como un mentor y guía, invirtiendo en el desarrollo personal y profesional de sus subordinados a través de la tutoría y el apoyo continuo. Implementa estrategias de liderazgo que fomenten la adaptabilidad, preparando a su equipo para enfrentar cambios y desafíos inesperados con confianza y eficacia, subrayando la importancia de la flexibilidad en el liderazgo moderno. Se esfuerza por crear un ambiente donde se celebren tanto los éxitos colectivos como los individuales, fomentando un espíritu de reconocimiento y gratitud que puede aumentar significativamente la motivación y la satisfacción laboral. Cultiva una actitud de aprendizaje continuo dentro de su equipo, desafiándolos a buscar nuevas habilidades y conocimientos, lo que no solo mejora su capacidad para adaptarse a nuevas situaciones, sino que también refuerza su compromiso con la mejora continua. Se asegura de que las políticas y prácticas de su organización reflejen un compromiso con la sostenibilidad, alineando las operaciones de negocio con los principios de responsabilidad social y ambiental, demostrando así un liderazgo que mira hacia el futuro. Dedica tiempo a cultivar su propia resiliencia y fortaleza mental, entendiendo que la capacidad de manejar personalmente las presiones y desafíos es crucial para guiar eficazmente a otros, y que su propio bienestar es fundamental para mantener un liderazgo efectivo y compasivo.

FRASES PARA EL HOMBRE ESTOICO QUE DEBE LLEVAR EN SU ALMA Y SU CORAZÓN

"Que la serenidad sea tu fortaleza, y tu sabiduría, el faro que guía tus días." "Recuerda que tu dignidad no depende de la opinión de los demás, sino de tus propias acciones y decisiones." "No es lo que te sucede, sino cómo respondes a ello, lo que define tu carácter." "Fomenta en tu corazón la valentía de aceptar lo que no puedes cambiar y la fortaleza para cambiar lo que sí está en tus manos." "Sé cómo un jardín bien cultivado, donde las semillas de la paciencia, la tolerancia y la comprensión florecen con belleza." "Deja que cada desafío sea una lección, y cada adversidad, una oportunidad para crecer más fuerte y sabio." "Que tu vida sea un reflejo de tus valores más profundos, no un eco de las expectativas de otros."

"Enfrenta cada día con el corazón lleno de esperanza y los ojos abiertos a las maravillas del mundo." "La verdadera fortaleza es mantener la calma en la tormenta y la serenidad en el caos." "Cultiva la moderación en tus emociones y deseos; en el equilibrio se encuentra la verdadera paz." "Honra tu jornada, incluso cuando el camino sea difícil, pues cada paso te lleva hacia una versión más fuerte de ti mismo." "Que la honestidad sea tu guía y la integridad, el sello de tu carácter." "Sé paciente, pues todas las cosas son difíciles antes de ser fáciles." "Ama profundamente, actúa justamente y camina humildemente por el sendero que has elegido." "Permanece firme en tus principios, incluso cuando el mundo intente sacudirte." "Que la gratitud sea la luz que ilumine tus días más oscuros y la fuerza que alimente tus victorias." "Recuerda que cada persona que encuentras está librando su propia batalla; sé siempre amable y compasivo." "Deja que tu silencio sea contemplativo y tus palabras, meditadas; en la tranquilidad se encuentran la sabiduría y el poder." "Acepta los cambios como el río abraza sus curvas; con flexibilidad y fluidez." "Que la resiliencia sea tu compañera constante, y la esperanza, el faro que nunca se apaga en tu corazón." "Nunca permitas que las circunstancias externas perturben la calma interna que has cultivado con tanto esfuerzo."

"Encuentra fortaleza en tu soledad y sabiduría en tu silencio; ambos son maestros que enseñan sin palabras." "Mantén siempre un espíritu de aprendizaje; cada experiencia, buena o mala, tiene algo valioso que ofrecerte." "Que la compasión hacia ti mismo y hacia los demás sea la base sobre la que construyas tu vida." "La autenticidad es tu mayor recurso; nunca la comprometas por conveniencia o presión social." "Persevera con paciencia, pues los frutos más dulces requieren tiempo para madurar." "El coraje no siempre ruge; a veces, es la voz tranquila al final del día que dice: mañana lo intentaré de nuevo." "Vive con la certeza de que eres el arquitecto de tu destino y el escultor de tu carácter." "En el centro de tu ser, halla el espacio de tranquilidad desde donde puedes ver todo con claridad." "Tu capacidad de adaptarte y superar es mucho mayor de lo que imaginas; confía en tu fortaleza interna." "Haz del respeto mutuo el pilar de todas tus relaciones; nada enriquece más el alma que el amor y el respeto compartidos." "Que tus decisiones reflejen tus esperanzas y no tus miedos." "Recuerda que la verdadera sabiduría estoica radica en conocerse a sí mismo completamente." "No te aferres al pasado ni te preocupes excesivamente por el futuro; vive plenamente en el presente." "Cultiva la serenidad para aceptar las cosas que no puedes cambiar, el coraje para cambiar las que sí puedes, y la sabiduría para discernir la diferencia." "Deja que cada acto de bondad sea un reflejo de tu fuerza y no de tus debilidades." "Sé firme en tus principios y flexible en tus enfoques; la vida a menudo requiere ambos." "Permite que tu vida sea tan inspiradora que otros se sientan motivados a mejorar y crecer."

"No midas tu éxito por la acumulación de bienes, sino por la profundidad de tu paz interna y la riqueza de tus relaciones." "Recuerda que el silencio es a menudo la respuesta más sabia y el refugio más seguro en tiempos de confusión." "Que la claridad de tu propósito ilumine cada paso que des, guiándote a través de la oscuridad de la incertidumbre." "Abraza la posibilidad de transformación personal; cada día trae consigo la oportunidad de cambiar para mejor." "Cultiva una actitud de gratitud; agradecer incluso por las pruebas te ayuda a encontrar valor y lecciones en cada experiencia." "Mantén tu dignidad y autoestima en alta estima, nunca permitas que circunstancias externas las disminuyan." "Que tu vida sea un reflejo de tus ideales más elevados, no un mero resultado de tus circunstancias actuales." "Encuentra fuerza en tu capacidad para ser autónomo, reconociendo que tienes el poder de influir en tu destino." "Aprovecha la quietud de la meditación para fortalecer tu conexión con tu yo más profundo y tus principios estoicos." "Cada relación es un espejo que refleja partes de ti mismo; aprende de ellas para crecer y fortalecerte." "Al enfrentar decisiones difíciles, busca siempre el equilibrio entre la razón y la emoción para guiar tus elecciones." "La paciencia es una compañera poderosa en el viaje hacia tus metas; aprecia su papel en el cultivo de tu éxito." "Que la justicia guíe tus acciones; trata a todos con equidad, respetando su humanidad y derechos intrínsecos." "Recuerda que el liderazgo efectivo surge de la capacidad de inspirar y elevar a los demás, no de imponer autoridad." "Valora cada momento de alegría como un regalo precioso, y cada desafío como una preciosa oportunidad de aprendizaje."

"En el silencio de tu soledad, encuentra la fortaleza y la sabiduría que necesitas para enfrentar el ruido del mundo." "Ejerce la compasión con la misma pasión con que persigues tus ambiciones; una no debe excluir a la otra." "Permanece abierto a la crítica constructiva; es una ventana hacia nuevas perspectivas y crecimiento personal." "En la adversidad, descubre la capacidad estoica para perseverar; cada obstáculo superado es un testimonio de tu resiliencia." "Cuida tu bienestar emocional con el mismo rigor que cuidas tu bienestar físico; ambos son esenciales para un liderazgo efectivo y una vida plena." "Deja que la honestidad sea la piedra angular de tu existencia; una vida vivida con verdad es una vida vivida plenamente." "No temas a la soledad, úsala como una oportunidad para profundizar en tu entendimiento y apreciación de ti mismo." "La serenidad que cultivas en tu interior será la luz que guíe a otros en tiempos de oscuridad." "No te aferres a lo que fue ni te obsesiones con lo que será; el presente es tu mayor oportunidad para la grandeza." "Que tus acciones reflejen siempre la verdad de tu ser, sin concesiones ni compromisos que traicionen tus principios." "En el camino de la vida, cada paso es un acto de fe; confía en la sabiduría de tu corazón para guiarte." "Tu capacidad para escuchar con empatía y sin juicio es uno de tus mayores activos como líder y como ser humano." "Recuerda que el valor se encuentra no solo en actos grandiosos, sino en la constancia de tu integridad diaria." "Cultiva el arte de la introspección; conocerte a ti mismo es la clave para navegar con éxito los desafíos externos." "El verdadero poder no reside en la fuerza, sino en la capacidad de mantener la calma y el control en medio del caos."

"Permanece firme en tus convicciones, pero flexible en tu enfoque; la adaptabilidad es una virtud poderosa." "Que la humildad sea tu compañera constante, recordándote que siempre hay más que aprender y más formas de crecer." "Deja que la gratitud por lo que tienes te llene de paz y satisfacción, y deja que esta energía positiva guíe tus acciones." "La paciencia es la piedra angular de la sabiduría; todo llega a su tiempo a quienes saben esperar con calma y persistencia." "Enfócate en lo que puedes controlar y suelta lo que no; esta es la esencia de la verdadera libertad estoica." "Cada acto de bondad es una declaración de fortaleza; nunca subestimes el poder de la gentileza en la transformación del mundo." "Que tu liderazgo se base en la integridad y el respeto, inspirando a otros a seguir tu ejemplo con entusiasmo y lealtad." "Afronta cada dificultad con la certeza de que tienes la capacidad de superarla y de crecer a través de ella." "Recuerda que el equilibrio entre mente y cuerpo es crucial; cuida ambos con la misma dedicación y amor." "La resiliencia no es solo soportar las adversidades, sino también aprender de ellas y emerger más fuerte y sabio." "Que tu corazón sea siempre generoso, ofreciendo apoyo y amor incondicionalmente a quienes lo necesitan." "Cada momento es una oportunidad para demostrar tus valores; vive de manera que cada día sea un testimonio de tu carácter." "La verdadera sabiduría reside en saber cuándo actuar y cuándo esperar; ambas son habilidades igualmente valiosas." "En tiempos de incertidumbre, confía en tu intuición y en la sabiduría acumulada de tus experiencias."

"Que la perseverancia sea tu sello distintivo; nunca te rindas ante las dificultades, sino que busca siempre la manera de superarlas." "La gratitud es la clave para la felicidad duradera; aprecia cada bendición y cada lección que la vida te ofrece." "Cultiva la serenidad interior como un santuario al que puedes acudir en momentos de turbulencia externa." "El coraje no es la ausencia de miedo, sino la voluntad de seguir adelante a pesar de él." "Permanece fiel a ti mismo en todo momento; la autenticidad es la base de una vida plena y significativa." "Cada relación es una oportunidad para practicar la paciencia, la comprensión y el amor incondicional." "Que la compasión guíe tus acciones y tus decisiones, recordando siempre que todos somos parte de una humanidad compartida." "Aprovecha cada oportunidad para aprender algo nuevo; el conocimiento es una herramienta poderosa para la transformación personal." "Que tu mente sea tan fuerte como tu corazón es bondadoso; en esta dualidad reside el poder de tu liderazgo." "El equilibrio no es una meta, sino un estado constante de ajuste; aprende a fluir con los cambios sin perder tu centro." "Abraza cada nuevo amanecer como una oportunidad para crecer, aprender y avanzar en tu camino estoico." "En los momentos de silencio, encuentra la sabiduría que las palabras no pueden expresar." "Recuerda que cada desafío superado es un testimonio de tu resiliencia y una lección para tu futuro." "La autenticidad es el escudo que te protegerá de las críticas y la armadura que te dará valor." "Mantén siempre la dignidad, incluso cuando enfrentes injusticias; tu integridad es tu mayor fortaleza." "Deja que la esperanza sea la llama que nunca se apague en tu corazón, iluminando tu camino incluso en la oscuridad." "Que cada acción que realices sea un reflejo de tus valores más profundos y de tu compromiso con la verdad."

"Vive cada día con la certeza de que tienes dentro de ti la capacidad de transformar tu realidad y la de quienes te rodean." "Enfrenta el dolor con la certeza de que cada herida es una puerta hacia un entendimiento más profundo y una fortaleza renovada." "Recuerda que la virtud se cultiva en los pequeños actos de bondad y honestidad diaria, no solo en los grandes gestos heroicos." "Aprecia la belleza en la simplicidad; a menudo, las cosas más simples contienen las mayores verdades." "Que tu vida sea un testimonio de coraje silencioso y resistencia tranquila, inspirando a otros a seguir tu ejemplo." "La paz interior no es la ausencia de conflicto, sino la capacidad de manejarlo con sabiduría y equilibrio." "Sé la calma en la tormenta, la voz de la razón en el caos, y la luz de la esperanza en la oscuridad." "Recuerda que tu valor no está determinado por los éxitos visibles, sino por la constancia de tu esfuerzo y la pureza de tus intenciones." "La fortaleza real no es la ausencia de vulnerabilidad, sino la voluntad de enfrentarla con dignidad y coraje." "Que la empatía sea el faro que guíe tus interacciones, iluminando el camino hacia una comprensión más profunda y una conexión más auténtica." "Cada día es una página en el libro de tu vida; escribe con cuidado, con amor y con integridad." "No permitas que el miedo dicte tus decisiones; elige actuar desde un lugar de amor y sabiduría." "El verdadero liderazgo se demuestra en los momentos difíciles; sé la roca firme en la que otros pueden apoyarse." "Agradece las lecciones difíciles; son los maestros más rigurosos y los que te llevan más lejos en tu camino de crecimiento." "Sé consciente de tus pensamientos y emociones, pero no permitas que ellos controlen tus acciones."

"Que la generosidad de espíritu sea tu sello distintivo, ofreciendo ayuda y apoyo sin esperar nada a cambio." "Encuentra fuerza en la comunidad y en la colaboración, reconociendo que juntos somos más fuertes." "Permanece abierto al cambio, sabiendo que cada transformación trae consigo nuevas oportunidades para aprender y crecer." "Que tu mente sea clara y tu corazón puro; en esta claridad y pureza encontrarás la guía para todas tus decisiones." "En la humildad encontrarás la grandeza; en la sencillez, la profundidad; y en el amor, la fuerza." "No te rindas ante las dificultades; cada obstáculo es una oportunidad para demostrar tu fortaleza y tu compromiso con la virtud." Queridos hombres estoicos: En cada uno de ustedes reside una fortaleza indescriptible, una luz que nunca se apaga. Ustedes son los arquitectos de su destino, los guardianes de su integridad, y los inspiradores de cambio en el mundo. Cada desafío que enfrentan, cada adversidad que superan es un testimonio de su resiliencia y su sabiduría innata. Recuerden siempre que la verdadera grandeza no se mide por los logros externos, sino por la constancia de su carácter y la pureza de sus intenciones. En cada momento de duda, en cada tormenta, sepan que dentro de ustedes yace una serenidad invencible, una calma profunda que puede guiarles a través de cualquier tempestad. Ustedes son líderes, no solo por sus títulos o posiciones, sino por su capacidad de inspirar, de amar y de actuar con compasión y justicia. En sus manos, el poder de transformar el mundo no es un sueño lejano, sino una realidad tangible. Permanezcan firmes en sus principios, sigan caminando con dignidad y valentía, y dejen que su luz brille para que otros puedan encontrar su camino. Que cada día sea una oportunidad para demostrar su sabiduría, su fuerza y su inquebrantable espíritu. Vivan con el corazón abierto y el alma llena de gratitud. Ustedes son estoicos. Ustedes son indomables. Ustedes son el cambio que el mundo necesita. Con admiración y respeto.